Rüdiger Heer

# Ja mag denn wirklich keiner Physik?

Erfahrungsberichte von Exkursionen in die Eiswüste
der Abstraktion von PISAckien und in die schiefen Ebenen
von TIMSSTrietzien.

## Impressum:

Ja mag denn wirklich keiner Physik? / Rüdiger Heer / Januar 2006
ISBN  3-8334-4118-6 · © Rüdiger Heer · 32423 Minden
Herstellung und Verlag: Books on Demand GmbH, Norderstedt

# Inhaltsverzeichnis

# Allgemeine Vorbemerkungen

Am Schulfach Physik scheiden sich häufig die Geister. Physik hat den Ruf, „schwer" zu sein, kaum zu verstehen und sehr abstrakt zu sein. Andererseits ist statistisch belegt, dass dem Fach oder präziser ausgedrückt, physikalischen Phänomenen, in der Einführung sehr großes Interesse entgegengebracht wird. Dieses ursprüngliche und spontane Interesse wird dann mit dem Dampfhammer der Wissenschaft gründlich und effektiv und leider meist irreversibel zertrümmert. Die allzu frühe Formalisierung stößt in dem gegebenen Alter um die Pubertät herum häufig auf großes Unverständnis. Das ist weniger ein Problem der Intelligenz als eines der Entwicklung, wie PIAGET dies schon vor langer Zeit dargelegt hat. Daraus sind leider keine Lehren gezogen worden jedenfalls nicht für die Vermittlung des Fachs Physik an Schulen (und auch nicht für Chemie).

Dass in Naturwissenschaften ein hoher Aufwand getrieben wird in materieller Hinsicht (Sammlungen) und in personeller Hinsicht (Lehrkräfte, die sich viel Mühe machen), ist sicher unstrittig.

Leider strebt der Erfolg des Unterrichts in Physik nahezu gegen Null. Das ist bedauerlicherweise nicht nur meine persönliche Meinung, sondern das Ergebnis diverser empirischer Untersuchungen. Als ich solche zum ersten Mal zur Kenntnis genommen habe, war ich ziemlich schokkiert, da ich als Physiklehrer davon ja auch betroffen war. Nur einzelne wenige Schüler profitieren längerfristig vom Unterricht im Fach Physik. Dennoch ist die überwiegende Mehrheit der Schüler der Meinung, dass Physik wichtig sei.

Dem kann ich nur beipflichten. Eine Gesellschaft, deren Existenz auf den Grundlagen naturwissenschaftlich-technischer Entwicklungen basiert, darf mit Naturwissenschaften und natürlich auch mit Physik nicht in der Weise umgehen, wie das seit Jahrzehnten in Deutschland der Fall ist. Da hilft dann auch eine „Green card" nicht mehr weiter. Spitzenkräfte aus Naturwissenschaft und Technik haben offensichtlich auch andere Möglichkeiten als unter schlechten Bedingungen in Deutschland zu arbeiten.

In den 20er Jahren war Deutsch noch die Weltsprache für Naturwissenschaften. Deutschland war bei der Vergabe der Nobelpreise weit vorne und hatte wirklich viel zu bieten. Dann kam der Faschismus und ein Massenexodus hervorragender Wissenschaftler war die Folge. Davon hat sich u.a. auch der Wissenschaftsstandort Deutschland nie wirklich erholt. Die Bildungspolitik der BRD hat dazu auch nicht gerade viel beigetragen. Ganz im Gegenteil. Durch Fehlentscheidungen in der Bildungspolitik wurden Naturwissenschaften wie Physik und Chemie ins Abseits gedrängt. Nun ist der heutige beklagenswerte Zustand erreicht, was jedem einigermaßen informierten Menschen auch schon vor PISA und TIMSS klar war.
Immerhin ist inzwischen der politische Wille formuliert worden, den traurigen Zustand zu ändern. Bildung allgemein und auch im Bereich von Naturwissenschaften soll wieder einen höheren Stellenwert bekommen. So weit, so gut.

Im Land NRW (nicht gerade bekannt als Vorzeige-Bundesland in Sachen Bildung) sollte an Gymnasien das Fach Naturwissenschaften eingeführt werden. Inzwischen ist dies durch die CDU/FDP-Regierung wieder geändert worden. Dabei wäre natürlich notwendig gewesen, dass Physiker, Chemiker und Biologen zusammenarbeiten. Das Prinzip Hoffnung lässt grüßen.

Zum Thema „Naturwissenschaften als neues Fach" besuchte ich im Jahre 2004 eine Sitzung der GEW (Gewerkschaft Erziehung und Wissenschaft). Die Physik-Kollegen äußerten sich nicht gerade begeistert darüber, mit anderen Kollegen vor allem aus der Biologie kooperieren zu müssen. Eine Lehrkraft meinte sinngemäß, dass man Biologen nicht in die Physiksammlung lassen könne. Die würden alles kaputt machen.

Despektierliche Äußerungen von Physiklehrern über Kolleginnen und Kollegen anderer Fächer kannte ich schon mehr als vier Jahrzehnte. Arrogante Überheblichkeit etlicher sich als die „wahren Naturwissenschaftler" fühlenden Physiker waren mir auch sehr geläufig. Ich war deshalb nicht mehr geschockt wegen obiger Äußerung über die angebliche Zerstörungswut der Biologen. Ich fragte nur ganz ruhig nach, welches Interesse denn ein Biologe haben sollte, die Physiksammlung kaputtzumachen. Keine Antwort. War mir klar. Habe ich auch nicht erwartet. Ich hatte nur noch kurz vor der GEW-Sitzung die Illusion, dass der unüberbrückbar erscheinende Gegensatz zwischen Lehrern in Biologie und Physik im neuen Jahrtausend doch wohl eher der Vergangenheit angehören würde. Schön wärs.

Geräte für den Einführungsunterricht in Physiksammlungen sind in der Regel sehr stabil - modern ausgedrückt: nahezu unkaputtbar. Manche Geräte in Chemie und Biologie sind da eher empfindlich. Man muss sich also schon dumm anstellen, um manche Geräte in Physiksammlungen kaputtzumachen. Und diese Dummheit wurde da wohl unterstellt.

Ich unterstelle aufgrund von Erfahrungen während eines halben Jahrhunderts und den Ergebnissen diverser Untersuchungen, dass viele Physiklehrer in einem elitären Elfenbeinturm gefangen sind. Sie fühlen sich darin zwar nicht wohl, aber sicher.
Sollten dort andere eindringen, fiele der Nimbus der Unangreifbarkeit. Dann würden ganz normale Zeitgenossen feststellen, dass in diesem

hohlen Turm auch nur mit ganz normalem Wasser gekocht wird. Würde brutal auf das Ego draufkrachen. So manchem Physiker würde möglicherweise sein psychisches Exoskelett zertrümmert und er müsste sich wie ein frisch gehäuteter Butterkrebs in eine sichere Höhle außerhalb des Elfenbeinturms zurückziehen.

Könnte problematisch werden.

Vielleicht übertreibe ich hier etwas, aber es ist für mich stimmig.

Wenn eine Reform im Bereich der Naturwissenschaften an den Schulen erfolgreich sein soll, ist ein Umdenken in der Gesellschaft notwendig.

Naturwissenschaften müssen wieder eine höhere gesellschaftliche Anerkennung finden und vor allem mehr Akzeptanz.

Naturwissenschaftler und vor allem Physiker dürfen nicht mehr auf ihrem hohen Ross der Arroganz weitergaloppieren. Sie sollten ein menschlich akzeptables Maß für ihre Positionen und ihre Anforderungen entwickeln.

Theoretische Ansätze dafür gibt es schon seit Jahrzehnten und weitere Überlegungen auch in den letzten Jahren, wie viele Beiträge im Internet zeigen. Diese sind aber offensichtlich nicht wirklich bis an die Schulen durchgedrungen. Die Gründe dafür zu erforschen, ist Aufgabe der Wissenschaftler.

Ich persönlich will mein Scherflein zu einer Erklärung beisteuern aus einem reichen Erfahrungsschatz von Ausflügen nach PISAckien und TIMSSTrietzien von nun schon mehr als einem halben Jahrhundert.

# 1. Warum passen gleiche Holzklötzchen nicht aufeinander?

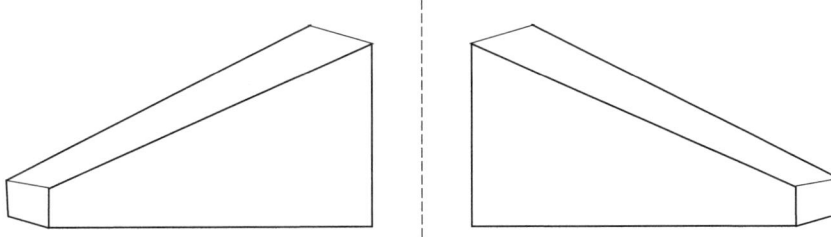

Diese Frage beschäftigte mich als Kind. Es war mein erstes Erlebnis mit einem naturwissenschaftlichen, genauer gesagt, mit einem geometrischen Problem. Dazu muss ich etwas weiter ausholen.

Ende der 40er und Anfang der 50er Jahren durfte ich als Kind in einer Schreinerwerkstatt spielen. Das fand ich viel interessanter als das Spielen im Kindergarten. Die Bauklötzchen dort waren zwar schön farbig lackiert und von der Form her gut einzuordnen, aber bei weitem nicht so interessant wie die Vielfalt an Klötzen, die als Sägeabfall abfielen. Diese faszinieren mich übrigens heute noch. Das Spielen mit Bauklötzen im Kindergarten hätte ja auch in Ordnung sein können, aber es gab ständig Streit. Bei solchen Streitereien zogen Flüchtlingskinder wie ich (das „Pack" genannt) natürlich den Kürzeren. Das empfand ich als sehr frustrierend und häufig als persönliche Niederlage. Die Entscheidung im Streit war letztlich abhängig von der Position der Kindergärtnerin. Die war nicht auf Seite der „Reingeschmeckten" und entschied im Zweifel für die „Eingeborenen". Schließlich kam für mich eine erholsame Pause. Die Kindergärtnerin war erkrankt, der Kindergarten fiel aus und ich war frei. Nicht lange. Als diese Zwangsveranstaltung für mich wieder anfangen sollte, bedauerte ich, dass die Kindergärtnerin nicht gestorben war und quengelte so lange, bis meine Mutter ein Einsehen hatte. Ich durfte zuhause bleiben und meinen „naturwissenschaftlichen Studien" nachgehen.

Ich beobachtete den Tanz des Staubs, wenn ein Sonnenstrahl durch eine Türritze fiel. Beim Dorfschmied fiel mir auf, dass durch einen donnernden Hammerschlag die Funken flogen und ich wollte wissen, warum bei einem Gewitter erst der Blitz kommt und dann der Donner. Für „dumme" Fragen waren die Leute auf dem Dorf damals aber nicht zu haben. Deshalb behielt ich vieles für mich. Wie kleine Hühnchen entstehen, hätte ich auch gerne gewusst, traute mich aber nicht zu fragen. Ich steckte deshalb Hühnerfedern in den Boden in der Hoffnung, dass daraus Hühner würden. So etwas ähnliches hatte ich bei Nachbarn mit Zwiebeln im Gemüsegarten beobachtet. Zwischen Zoologie und Botanik machte ich damals noch keinen sonderlich großen Unterschied.

Aber vor allem durfte ich nach dem schwer erkämpften Abschied vom Kindergarten ungestört mit besagten Holzklötzchen spielen, bevor sie als Sägeabfall verheizt wurden. Das musste ich mir mit niemandem teilen. Ganz im Gegenteil. Ich freute mich, wenn die etwa gleichaltrige Tochter der überaus freundlichen und uns wohl gesonnenen Nachbarn mitspielte.

Einmal stand ich vor einem unlösbaren Problem. Ich hatte zwei mir exakt gleich erscheinende Holzklötze von sehr interessanter Gestalt. Diese wollte ich passend aufeinandertürmen, was aber nicht ging. Warum das so war, konnte oder wollte mir damals niemand beantworten. Und ich wartete lange auf die Antwort. Die beiden Holzklötzchen waren spiegelbildlich symmetrisch, was ich damals nicht durchschaute. Irgendwann hat es mir gedämmert. Könnte im Physik- oder Chemieunterricht beim Thema „Optische Isomerie" gewesen sein. Vielleicht war es auch, als ich beim Malochen in einer Gießerei kistenweise Links- und Rechtsschrauben und die entsprechenden Muttern auseinandersortieren musste, wobei ich mich immer wieder neu am Beispiel meiner Hände orientierte.

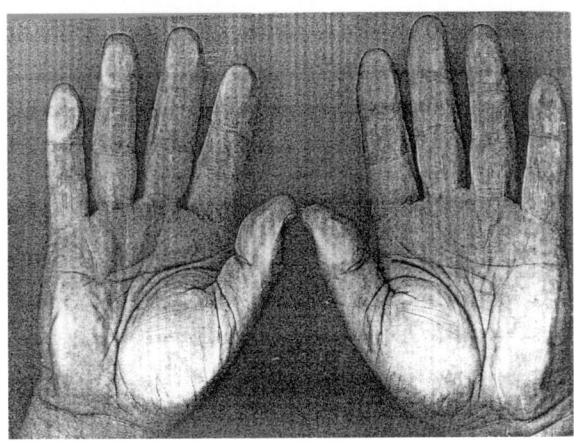

Auch der Spruch „Links ist, wo der Daumen rechts ist", half manchmal weiter. Wenn es dann gar nicht mehr ging, sagte ich ganz laut den Spruch „Rinks und lechts dalf man nicht velwechsern". Dann war Pause.

Doch zurück zu meinem Kindheitserlebnis. Dieses war ja der Ausgangspunkt für eine naturwissenschaftliche Fragestellung. Wäre das eine Chance für einen pädagogischen Ansatz in Physik gewesen?

**Pädagogische Ansätze in der Physik??? Hahaha!!!**

Es gab einen bekannten Didaktiker in der Physik. Professor Wagenschein. Ich konnte ihn (leider erst nach meiner Referendarzeit 1970/1971) an einer Universität in Süddeutschland noch erleben. Ich fand ihn sehr beeindruckend und seine Ideen sehr originell. Mein Fachleiter in Physik, so nannten sich damals die Ausbilder der Referendare, charakterisierte Wagenschein folgendermaßen:

„Wagenschein ist von einem richtigen Physiker zu einem Pädagogen heruntergekommen". Kommentar überflüssig.

**Fragen zum Thema:**

Was versteht man unter optischer Isomerie?
Wieso kann man Staub im Sonnenstrahl tanzen sehen, obwohl es vollkommen windstill ist?

Antwort siehe Seite 93

# 2. Der schiefe Wurf als erster Einstieg in die Physik

Ich bin nach dem Krieg in den 40er und 50er Jahren in einem kleinen Dorf in der Nähe von Stuttgart aufgewachsen. Wir spielten auf der Straße, an Bächen, auf Bauplätzen, auf Müllkippen, im Wald. Auf jeden Fall im Freien und fast bei jedem Wetter. Die Natur oder auch Technik zu erkunden, machte riesigen Spaß. Auf den Feldern gab es noch Bombenlöcher vom Krieg her. Die waren voll mit allerlei Getier, welches heute vom Aussterben bedroht ist. Wir fingen dort Frösche, Kröten, Schlangen, Libellen, stechende Wasserwanzen und was es dort sonst noch alles zu erbeuten gab. Gesammelte Objekte kamen in Schuhschachteln, Marmeladegläser oder andere Behälter. Notfalls in die Hosentasche. Als meine Mutter einmal in einer solchen eine tote Schwalbe entdeckte, gab es zwar keinen ernsthaften Krach, aber eine so genannte Gardinenpredigt. Die war schon sehr ernst zu nehmen. Ein Freund hatte bei ähnlicher Gelegenheit viel schlimmere Konsequenzen zu ertragen. Seine Mutter nähte ihm die Hosentaschen zu, eine wirklich schlimme Strafe für einen Jäger und Sammler. So weit wollte ich es nicht kommen lassen. Deshalb bemühte ich mich immer, geeignete Sammelgefäße dabeizuhaben. War etwas lästig, weil eine Hand nicht immer frei war und dem Menschen definitiv eine dritte Hand fehlt. Kleiner evolutionärer Nachteil. Aber zugenähte Hosentaschen??? Nein!!! Völlig undenkbar! Ich habe ja heute noch immer ein Messer in der Hosentasche. Schweizer Offiziersmesser, versteht sich.
Für die Erlegung von diversem Getier spielten Steinschleudern, Pfeil und Bogen natürlich eine wichtige Rolle. Beim Weitschießen entdeckten wir, dass die Schussweite irgendwie mit der Steilheit des Abschießens zu tun hatte. Von Winkeln und Sinus usw. war natürlich noch

nicht die Rede. Wir waren die reinsten Empiriker, ohne es zu wissen. Es ging ja um etwas ganz Konkretes und die Erfolge waren sehr beeindruckend. Schleudern, Speere und Pfeile waren im Dorf natürlich tabu. Da wurde dann mit aus Holunder gefertigten Wasserspritzen für oder gegen die eine oder andere „Bande" gekämpft oder mit Blasrohren aus Holunder Holunderbeeren gegen „den Feind" verschossen. Die Einschüsse waren überdeutlich zu sehen. Das ging natürlich nicht lange gut von wegen des anthocyanhaltigen Zellsafts der Holunderbeeren. Mit dieser Flüssigkeit hatte schon Hans Huckebein, der Unglücksrabe, Probleme gemacht. Der Farbstoff stammte von Tante Lottes Heidelbeerkompotte. Wie auch immer, ist jedenfalls ziemlich farbecht. Also wurde diese Munition geächtet und wir gingen dazu über, mit Lehm zu werfen. Das Problem war dabei die Reichweite. Da musste dran gedreht werden. Kein Problem. Wir schnitzten Ruten aus Weiden, so ungefähr ein bis zwei Meter lang. Darauf wurde eine Lehmkugel gesteckt, die Rute in einem ausholenden Bogen beschleunigt, die Rute abgestoppt und ab ging die Post. Der Effekt war verblüffend. Die Reichweite ging weit über den Bach. Keiner hatte das gedacht und vor allem wären die Erwachsenen nie auf diese Idee gekommen.
Das war gut. Jetzt konnte das Wettschießen losgehen, mitten im Dorf, ohne nennenswerte Kontrolle.
In einem Garten auf dem gegenüberliegenden Ufer des Flüsschens hing Wäsche. Riesige Laken. Ideale Zielscheiben. Zudem war es der Garten des Meßners, den wir alle nicht leiden konnten. Er gehörte zu den fürchterlichen fundamentalistischen Pietisten, die man später auch als den „Piet-Kong" bezeichnete. Er verbot uns, als Fastnachtsnarren herumzulaufen. Das sei wider den heiligen Geischd. Er sprach das „sch" ganz deutlich und am Ende hauchte er noch etwas, was sich nach „d" anhörte. Wir nannten ihn deshalb den heiligen Geisch und die Wäsche in seinem Garten war das erklärte Kriegsziel.
Das Scheibenschießen ging gut ab. Um die Einschüsse deutlicher zu sehen, wurden die Lehmkugeln vorher noch in eine Pfütze getaucht. Das hinterlässt Spuren...

Am nächsten Tag kam die zweite Runde, denn die Wäsche hing natürlich wieder da, porentief rein. Aber nicht lange. Am dritten Tag kamen uns dann doch Zweifel, ob das wirklich ein längerfristiger Sport werden könnte. Nicht weil der Lehm ausgegangen wäre. Aber im Dorf gab es schon etwas Klatsch darüber und es wurden Fragen gestellt. Diese hatten aber die Kinder von der anderen Bachseite zu beantworten und die wussten davon ja nichts. Da gab es ein striktes Territorialprinzip. Also keine Gefahr. Das Scheibenschießen ging weiter. Die Schule aber auch. Und einer der Lehrer wurde auf das Problem angesetzt. Er bot jedem, der die Übeltäter verrät, Straffreiheit an. Kronzeugenregelung nennt man das heute. Halte ich für problematisch, aber es war erfolgreich. Was dann passierte, brauche ich hier nicht zu erzählen. Hat ja mit Physik nichts zu tun, wenn man von den unelastischen Stößen auf das Hinterteil absieht. Um aber auf den physikalischen Gehalt zu sprechen zu kommen, sei folgendes erwähnt. Wir hatten herausgefunden, dass der weiteste Wurf dann möglich war, wenn die Lehmkugel oder auch ein Pfeil etwa zwischen dem ebenen Boden und der Senkrechten abgeschossen wurde. Und dieses Ergebnis ist tatsächlich physikalisch korrekt. Ohne jede Ahnung von Winkeln und Sinus usw. haben wir Gassenjungen ein physikalisches Problem gelöst. Selbständig. Ohne Anleitung. Das erschien uns damals selbstverständlich und wir bildeten uns nichts darauf ein. Das war halt so. Dies stärkte den Glauben an die Verlässlichkeit der Natur und an die Unzuverlässigkeit einzelner weniger angenehmer Zeitgenossen.

**Fragen zum Thema:**

1.) Wer entdeckte als erster, dass der weiteste schiefe Wurf unter einem Winkel von 45° möglich ist?
2.) Wann war das ungefähr und welches Interesse steckte dahinter?

Antwort siehe Seite 94

# 3. Der Sputnik-Schock

„Das ist alles Propaganda. Physikalisch-technisch unmöglich! Das schaffen die Russen nie. Das schaffen nicht mal die Amerikaner. Die gaukeln das doch nur vor. Ich kenne doch die Russen".

So sprach mein Großvater anno 1957 kurz nach dem 04.Oktober desselben Jahres, als im Radio die Nachricht über den Sputnik kam.

Mein Großvater war nicht einer von der Sorte, die „den Russen" kannten, weil er in Stalingrad oder sonstwo, wo die Deutschen wirklich nichts zu suchen hatten, gewesen war. Er war auch keiner, der wie so viele damals, gewusst hat, wie man den Krieg hätte doch noch gewinnen können. Nein.

Er war ausgebildeter Lehrer in Bessarabien, damals Russland, und zog für den Zaren in den Krieg gegen Kaiser Wilhelm. Er hatte viel zu erzählen über die Kämpfe zwischen Roten und Weißen und die Revolution etc. und auch im Nachhinein fand ich das meiste stimmig, was er so sagte. Nach dem 1.Weltkrieg kam Bessarabien zu Rumänien und ein deutschstämmiger Lehrer hatte dann mit Russisch als Sprache keine Chance mehr. Aber nach dem 2.Weltkrieg wieder umso mehr, als im Nachkriegsdeutschland in der russischen Zone Dolmetscher gefragt waren, die mit der russischen Mentalität vertraut waren und einigermaßen trinkfest waren. In dieser Hinsicht hat mein Großvater sich bemüht, auch mich fit zu machen und mir 3 Jahre nach dem Sputnikschock, als ich 16 war, ganz feierlich ein Glas Bier eingeschenkt. Dieses Ritual blieb mir unvergesslich und der Geschmack des Bieres war damals so, dass ich mehrere Jahre vom Genuss dieses Getränks Abstand nahm. Aber in den Augen meines Großvaters war ich ab da ein Mann und ich konnte wagen, ihn nochmals auf den Sputnik anzusprechen.

Ich hatte das ja in der Schule gelernt und deshalb konnte er nicht so recht was entgegensetzen. Er blieb aber dennoch skeptisch und wir konnten den Sputnik-Schock auf gleicher Augenhöhe verdauen.

Mit diesem Selbstbewusstsein gestärkt, konnte ich mich für den Physikunterricht in der Schule öffnen. Das war aber auch wirklich absolut erforderlich, sonst wäre ich am Gymnasium sang- und klanglos untergegangen. Denn nach dem Sputnik-Schock in der westlichen Welt wurde kurze Zeit später in den meisten Bundesländern Physik als Hauptfach verbindlich im Abitur eingeführt.

Zweifel an Leistungen bezogen auf die Weltraumfahrt sind aber geblieben. Hin und wieder wird in diversen Medien behauptet, dass die Amerikaner gar nicht auf dem Mond gewesen seien. Das Ganze hätte nur als Medienspektakel stattgefunden. Was hätte sich mein Großvater gefreut ...

**Fragen zum Thema:**

1.) Welcher Mensch war zuerst im Weltraum?
2.) Wann war die Mondlandung der USA und wer setzte als erster seinen Fuß auf den Mond mit der Bemerkung: „Ein kleiner Schritt für mich, aber ein großer Schritt für die Menschheit"?
3.) Wie weit ist der Mond von der Erde ungefähr entfernt und wie lange braucht ein Funksignal ungefähr, um dorthin zu gelangen?

Antwort siehe Seite 95 / 96

# 4. Die erste Stunde in Physik

Ich kann es nicht wirklich beschwören, ob es tatsächlich die erste Stunde war. Aber sie ist mir als solche im Gedächtnis geblieben.

Ein riesiger Eisklotz war auf zwei Stühle gelegt. Ein schweres Gewicht mit 10 Kilopond hing an einer Drahtschlinge daran und fraß sich durch den Eisklotz durch, der aber zum Schluss ganz blieb. Das kam uns vor wie Zauberei. Wir waren ganz begeistert, als das Gewicht zu Boden fiel und der Eisklotz nahezu unbeschädigt war. Auch die erste Erklärung konnten wir gut nachvollziehen. Durch Druck kann man die Schmelztemperatur senken. Und der Druck einer solchen Drahtschlinge mit einem Gewicht beschwert ist enorm. Kleine Fläche, großes Gewicht, na klar!

Einem Physiker sei es lieber, wenn ein Elefant sich auf seinen Fuß stelle als eine hübsche Dame mit Stöckelschuhen, meinte der Lehrer. Manche Schüler mochten dem nicht folgen und schüttelten verständnislos den Kopf. Nicht aus physikalischen Gründen, sondern weil sie schon weit in der Pubertät waren. Ich hingegen war ein Spätentwickler und Wald- und Wiesenbiologe und hätte das mit dem Elefanten viel spannender gefunden. Den Zusammenhang mit dem Quotienten aus Kraft und Fläche haben wir damals fast alle nicht kapiert. Schon allein das Wort „Quotient" flößte uns einen Schrecken ein. Vor allem wurde dieser Begriff weder in Mathematik noch in Physik erklärt.

Auch der für unseren Lehrer so wichtige Unterschied zwischen Kilopond und Kilogramm blieb nicht nur mir, sondern der ganzen Klasse schlicht und einfach ein Rätsel. Das hat uns sehr gewurmt und erschreckt. Denn es wurde angekündigt, dass nur solche Schüler (von Schülerinnen an Gymnasien war damals sowieso kaum die Rede und in Naturwissenschaften schon gleich gar nicht), die das begreifen, wären in der Lage, ein Abitur zu machen. So wurde schon recht früh ein Keim für die Entwicklung von Angst gelegt. Bei manchen trug es aber auch dazu bei, alle verfügbaren Kräfte zu mobilisieren, um doch noch hinter das Geheimnis des Kiloponds zu kommen.

**Anmerkungen:**
Mit dem Einheitengesetz von 1978 wurden viele Einheiten abgeschafft und das MKS-System eingeführt (Meter, Kilogramm, Sekunde). Für die Physik und Technik eine klare Vereinfachung. Für die Pädagogen ein extreme Herausforderung und für etliche Schüler eine Katastrophe. Keine Kalorie mehr und das Kilopond als Einheit der Kraft erst recht nicht mehr.

Die **Kalorie** wurde ersetzt durch das **Joule**, ein Wortungetüm mit dem Namen
**„Kilogramm mal Quadratmeter geteilt durch Quadratsekunden".**

Puristen formulierten es so:
**„Kilogramm mal Meter hoch zwei mal Sekunden hoch minus zwei".**

Die **Kraft** war nun folgendes Wortungetüm:
**„Kilogramm mal Meter geteilt durch Quadratsekunden",** was puristisch lautet:
**„Kilogramm mal Meter mal Sekunden hoch minus zwei"**

Etwas einfacher wird es, wenn man die Einheit der Kraft als ein **Newton** bezeichnet und die Kraft demonstriert, die auf die Hand durch das Gewicht einer Tafel Schokolade von 100 Gramm ausgeübt wird. Das stimmt so ungefähr. Kann man spüren, kann man Übungen machen lassen mit diversen Massen und Wettbewerbe im Schätzen von Massen veranstalten. Das fordert manche Schüler und auch Schülerinnen heraus. Sollte doch wohl für eine Allgemeinbildung auf unterem Niveau ausreichen. Wenn jemand mehr wissen will, ja warum denn nicht. Es gibt ja nicht nur die Note ausreichend. Bisschen Ehrgeiz kann nicht schaden!

**Fragen zum Thema:**

Warum ist der Druck des oben genannten Stöckelabsatzes größer als der des Elefantenfußes?
Antwort siehe Seite 96

Welche Leistung hat Ihr Auto?
Die Antwort sei hier vorweggenommen. Sie denken sicher noch an PS, was Pferdestärken bedeutet. Kann man sich noch irgendetwas drunter vorstellen.

Im KfZ-Schein wird die Leistung in Kilowatt angegeben.
Ein Watt ist ein Joule pro Sekunde oder anders ausgedrückt
1Watt = 1 Kg mal Quadratmeter geteilt durch eine Kubiksekunde.

Mal ganz ehrlich:
Unter einem Kilogramm kann man sich noch was vorstellen. Ein Liter Wasser. Sehr anschaulich. Ein Quadratmeter ist ja auch noch leicht vorstellbar. Ein Schritt gerade aus, drei Schritte jeweils im rechten Winkel nach rechts und schon hat man den Quadratmeter ungefähr beieinander.

**Aber eine Quadratsekunde oder gar eine Kubiksekunde???**

Nein, da bin ich überfordert. Muss ich einfach so hinnehmen. Ist wie mit dem n-dimensionalen Raum.
Auf der documenta habe ich vor längerer Zeit einen Typen gesehen, der in einem Raumanzug steckte und bei Bedarf Interessierten die

fünfte Dimension erklärte. Ich war natürlich interessiert, verstand aber herzlich wenig. Da der Typ offensichtlich kein Pädagoge war - er wurde sehr schnell ungeduldig - gab er mir den Rat, ich solle erst mal die vierte Dimension begriffen haben, dann könne ich wieder kommen.

So schleiche ich also schon seit vielen Jahren unwissend und mit schlechtem Gewissen durch die Gegend. Denn von einem Physiklehrer erwartet man doch wohl, dass er ...

## 5. Jubel über den „Tod" eines Physiklehrers

In einem kleinen Städtchen in Süddeutschland (genauer gesagt „Amerikanisch Württemberg", wofür auch die Autonummern „AW" zeugten), habe ich bis zum 10.Schuljahr das Gymnasium besucht. Dort unterrichtete ein Lehrer, den ich hier mal Kotzow nenne. Er pflegte sich in den Klassen sowie auf Elternabenden folgendermaßen vorzustellen: „Ich unterrichte das schwierigste Fach hier, nämlich Physik. An mir kommt keiner vorbei. Wer bei mir das Abitur machen will, muss in Mathe und Physik mindestens ausreichend sein."

Das war damals eine enorme Hürde. Für eine ausreichende Note in Mathe oder gar Physik musste man schon ganz ordentlich was bringen.

Dieser Lehrer flößte nicht nur in seinen Klassen Angst ein. Auch unter den Kollegen war er nicht immer gut gelitten. Er war Mitglied in einem Kegelklub der Lehrer des Kollegiums. Ich war damals „Kegelbub". Ich hatte durch Vermittlung eines Freundes diesen Job bekommen. Brachte ein paar Pfennige pro Stunde. War damals für mich viel Geld, zeigte aber auch, wie geizig Lehrer sein können.

Wir mussten die Kegel bei Bedarf aufstellen und die Kugeln zurückrollen. Die Kegelbahn war auch nach dem damaligen Stand der Technik nicht gerade modern. Hin und wieder war Katzenscheiße an unserer Arbeitsstätte und das stank ziemlich unerträglich. Aber da mussten wir durchhalten. Wenn die Kugeln in die Katzenscheiße fielen, mussten wir sie reinigen. Sehr unappetitlich. Die Kugeln waren ungleich groß und wir wussten, welcher Kollege welche Kugel benutzte. Der mit den kleinen Händen und somit der Benutzer der kleinen Kugel war Hänseler (so nenne ich den mal) - ein völlig unmöglicher Typ und bei Schülern, Eltern und Kollegen gleichermaßen unbeliebt. Deshalb konnten wir uns trauen, dem die Kugel präpariert mit Katzenscheiße zurückzurollen. Die Kugeln hatten drei Löcher, in die die Finger gesteckt wurden. Katzenscheiße rin und kurze Zeit später kam die Reaktion. Mit gleich drei Stinkefingern auf einmal war Hänseler des Spotts seiner Kollegen sicher. Vor allem Höllerbrock, ebenfalls Mathematik- und Physiklehrer und Kotzow belustigten sich über die Maßen über die hygienischen Probleme des Kollegen Hänselers. Eigentlich wollten wir lieber Höllerbrock und Kotzow solche Kugeln präsentieren. Doch das haben wir uns nicht getraut. Das hätte uns den Arbeitsplatz gekostet und die Versetzung wäre gefährdet gewesen. So waren diese beiden Kotzbrocken aus dem Lehrerkollegium quasi unsere Verbündete gegen einen anderen Kollegen, der das kleinere Übel war, aber immerhin auch ein Übel. Bei einem Pudel (wenn jemand bei allen Neunen keinen trifft), wurde immer von Höllerbrock und Kotzow das Lied angestimmt: „Und sie trugen einen Toten hinaus, Halleluja!" Wir durften dabei mitsingen und haben das auch gerne gemacht - so als Rache des kleinen Mannes.

Aber nun zu dem angekündigten Tod von Herrn Kotzow. In unserem Gymnasium gab es damals keine Sprechanlage. Nicht aus ideologischen Gründen. Das war einfach technisch oder auch finanziell noch nicht möglich. Der Hausmeister musste von Klasse zu Klasse rennen und die wichtigsten Neuigkeiten verkünden. Wie freuten uns immer über den Hausmeister, wenn er in Aktion trat, da er ein Sympathieträger war und auch trotz aller Strenge Verständnis für Schüler aufbringen konnte. Er war die gute Seele der Schule. Wenn er in die Klasse trat, kam mit dem ganz spezifischen Geruch des Bohnerwachses aus dem Treppenhaus eine Atmosphäre ins Klassenzimmer, die mit „Pause" assoziiert wurde. Was er zu verkünden hatte, war nicht immer positiv. Schlechte Nachrichten wurden ihm aber in der Regel nicht persönlich angekreidet. Doch einmal gab es eine böse Enttäuschung.

Im Unterricht war es in der Regel sehr ruhig, sodass wir genau hören konnten, was sich auf den Fluren abspielte. Dann war es mucksmäuschenstill in der Klasse. Eines Tages hörten wir die Schritte des Hausmeisters auf dem Flur, das Öffnen einer Klassentür und das Schließen derselben. Danach nur ein Murmeln und schließlich einen ohrenbetäubenden Krach. Jubelgeschrei, wie es nie wieder zu hören war. Was konnte das denn sein?
Bei der Bekanntgabe der dreiwöchigen Kohlenferien im Winter 1956 gab es auch Jubel. Aber doch nicht so laut!!!
Wir waren gespannt. Kommt er auch zu uns??? Zunächst nicht. Es waren noch drei andere Klassen vor uns dran. Jedes Mal dasselbe. Schließlich ging die Tür bei uns auf. Ganz bedächtig schloss der Hausmeister die Tür hinter sich, setzte eine furchtbar ernste Miene auf und las seine Botschaft vor:

„In Zukunft fällt der Unterricht von Herrn Kotzow in Mathematik und Physik aus. Herr Kotzow hatte einen sehr schweren Verkehrsunfall und kann nicht mehr in die Schule kommen".

Schrecksekunde. Aufbrausender Jubel!!! Die kleinste Einheit eines Lehrers, die Generationen von Schülern zur Verzweiflung trieb, nämlich „ein Kotzow", existierte nicht mehr. Irgendwie öffneten sich Freiräume, die kaum für möglich gehalten wurden. Aggressionen entluden sich und eine unbeschreibliche Freude kam auf.

Allerdings nicht lange. Herr Kotzow hatte nur sein Auto zu Schrott gefahren. Er kam sehr bald wieder zum Unterricht und grölte bei Kegelabenden weiterhin den Song „Und sie trugen einen Toten hinaus, Halleluja!" Leider war es nur ein Song auf einen Pudel, der in Wirklichkeit gar nicht existierte.

**Fragen zum Thema:**

Welche Fächer unterrichteten die Lehrer, vor denen Sie sich am meisten fürchteten?
Welche Fächer waren Ihnen am meisten verhasst?

Die Antwort dazu können Sie nur selbst geben. Als Antwort dürfte allerdings folgende als wahrscheinlich gelten: Die Schreckenspädagogen sind nach meinen persönlichen langjährigen Umfragen sowie eigenen Erfahrungen häufig Mathe/Physik-Lehrer vor allem in dieser Kombination. Selbstverständlich gibt es da auch einige Ausnahmen in meinem persönlichen Bekanntenkreis.

Der Spitzenreiter in der Unbeliebtheitsskala der Fächer ist nach statistischen Untersuchungen Physik, dicht gefolgt von Chemie. Das sollte den Pädagogen doch zu denken geben, könnte man meinen. Vielleicht und hoffentlich ändert sich da etwas im neuen Jahrtausend seit PISA und TIMSS. Wenn nicht, sieht es schlecht aus für den Wissenschaftsstandort Deutschland.

# 6. Was ist schwerer: ein Kilogramm Federn oder ein Kilogramm Eisen?

Mal ganz ehrlich! Spontane Reaktion! Völlig klar, wie dieser Wettbewerb ausgeht.

Von dieser Frage habe ich mich als Physiklehrer später verabschiedet, nachdem des öfteren selbst im Physikunterricht diese Frage nicht nur spontan, sondern auch nach längerem Überlegen zugunsten des Eisens entschieden wurde. Als Pädagoge durfte ich solche selbst herbeigeführten Demütigungen nicht zulassen, vor allem nicht bei Erwachsenen. Deshalb beantwortete ich diese Frage immer selber und ließ sie bei ungläubigem Nachfragen immer von Schülern klären, die das verstanden hatten. Das half einige Zeit über Peinlichkeiten hinweg. Irgendwann strich ich aber diese Frage wegen Überforderung aus meinem Repertoire.

Ich will dennoch nicht überheblich sein. Ich erinnere mich an die Zeit meiner ersten Stunden in Physik. Dichte, Masse und Volumen. Wie hingen diese denn zusammen? Sehr einfach. Das kann aber ein Kind von 12 bis 13 Jahren von der Entwicklung seines Gehirns her offensichtlich nicht verstehen. Jedenfalls besagt das die Entwicklungstheorie von PIAGET und die Erfahrung spricht genau dafür. Wieso der Physikunterricht darauf schon vor und nach dem Sputnikschock keine Rücksicht nimmt, wird wohl noch lange ein Rätsel bleiben. Wir lernten dann ohne Sinn und Verstand auswendig, dass die Dichte der Quotient von Masse und Volumen, die Masse das Produkt aus Dichte und Volumen und das Volumen der Quotient aus Masse und Dichte ist. Wie schon erwähnt, war das mit dem Quotienten in Mathematik noch nicht besprochen und keiner wusste so recht, was das eigentlich war. Formelumstellungen waren auch noch nicht bekannt und so kam, was kommen musste. Die Berechnungen gingen häufig schief und Physik wurde zum Killerfach. Das erhöhte nicht gerade die Akzeptanz dieses Fachs, dem anfangs sehr großes Interesse entgegengebracht wurde. Beim Eintritt ins Gymnasium waren wir 40 Schüler in der Klasse. Davon haben nach neun Jahren nur zwei Abitur gemacht. Der Rest hat „geparkt" oder ist abgegangen. Neben Mathematik hatte das Fach Physik einen großen Anteil an diesem Problem. Darauf waren manche der Lehrer sogar stolz. Bei der Erinnerung an solche Kollegen dreht sich mir heute noch der Magen um.

**Fragen zum Thema:**

1.) Schätzen Sie die Masse einer Kugel aus Kork mit dem Radius von 1m.
2.) Schätzen Sie die Masse von 1000 Kugeln aus Eisen mit dem Durchmesser von 1mm.

Bevor Sie die Lösung nachschlagen, können Sie versuchen, die Massen auszurechnen. Die Dichte von Kork beträgt 0,25 Gramm pro Kubikzentimeter. Die Dichte von Eisen beträgt 7,86 Gramm pro Kubikzentimeter. Die Formel für das Volumen einer Kugel ist

$$V = 4/3 \, \pi \cdot r^3$$

$$\text{Masse} = \text{Dichte x Volumen} = \rho \cdot V$$

Antwort siehe Seite 97

# 7. Worauf muss ein Kanonier achten?

Endlich mal praktische Physik. Durch den kalten Krieg und die Kubakrise wird natürlich auch der Wehrwillen in den Naturwissenschaften gestärkt. Die Biologie hat dafür (noch) nicht viel zu bieten, die Physik dafür umso mehr. Durch den Sputnikschock war Physik zum Hauptfach geworden - verbindlich für jeden Schüler, falls er nicht Französisch wählte.

Jeder musste eine AG in einer Naturwissenschaft machen. Chemie war voll, in Biologie war ich der Einzige; also wurde ich in die Physik-AG geschickt. Sah ich ein und experimentierte mit Freuden mit. Der Höhepunkt war das Experiment mit der Kanone. Diese hatte eine Feder, die gespannt wurde, damit dann aus dem Lauf die Kugel geflitzt kam. Machte riesigen Spaß. Vor allem waren wir hell begeistert, wenn unsere Berechnungen stimmten. Sinus und Cosinus, schiefer Wurf, Minimax-Aufgaben etc. hatten wir ja gelernt. Und nun machte die Kanone genau das, was wir wollten. Wir beherrschten also die Natur mit unseren einfachen mathematischen Mitteln. Jedenfalls einige Zeit.

Wir schossen auf alles, was nicht gerade zerbrechlich aussah. Nichts ist passiert. Doch einmal war dummerweise die Fensterscheibe im Weg. Es war eine doppelt verglaste Scheibe und der Zwischenraum war etwas größer als der Durchmesser der Kugel. Diese kam mit einer erstaunlichen Geschwindigkeit angeflogen, löchelte die erste Scheibe mit einem erstaunlich runden Loch und fiel etwa 40 Zentimeter nach unten und blieb dort einfach liegen. Tja, Schwerkraft. Da kann man nichts machen. Wir versuchten es mit einer Drahtschlinge, kamen aber gegen die schon genannte Wirkung der Schwerkraft nicht an. Also blieb die Kugel liegen und unser Experiment war beendet. Da dieses Experiment in einer Schule einer Universitätsstadt war, für die Wissenschaft kein Opfer zu groß war und vor allem der Physiklehrer ein sehr verständnisvoller Zeitgenosse war, ist nichts geschehen. Keine Polizei, kein Verhör, keine Ersatzforderung - nichts. Eine Friedensbewegung, die uns von einer anderen Seite her an die Kandarre hätte nehmen können, gab es damals noch nicht. So kamen wir völlig ungeschoren davon. Der Lehrer war ja aber auch nicht anwesend, was vielleicht auch eine Rolle gespielt hat. Mich beschäftigt noch heute die Frage, was wohl aus der Kugel geworden ist. Ich habe es nie erfahren. Einzelschicksal, sagt man heute. Erfreulicherweise machte ich die Erfahrung, dass auch in Physik mal was schief gehen kann, jedenfalls bei der Behandlung des schiefen Wurfs. Also kann das mit der Physik doch so schlimm auch nicht sein, dachte ich mir und wählte dies als Abiturfach. Die Alternative war Französisch. In der Oberstufe besuchte ich ein Gymnasium in der ehemals französischen Besatzungszone und deshalb war dort Französisch die erste Fremdsprache und konnte statt Physik gewählt werden. An einem naturwissenschaftlich orientierten Knabengymnasium galt es aber nicht als akzeptabel, wenn Französisch als Abiturfach gewählt wurde. Dieses Fach war nur der Notnagel für manche, die in Mathematik eine Beton-Fünf hatten und in Physik eine weitere kassiert hätten. Physik wurde schon zwei Jahre nach dem Sputnikschock als verbindliches Hauptfach eingeführt - mit verheerenden Folgen auch für Kinder mancher Bildungsbürger. „Rien ne va plus", hieß es da des öfteren. Da zogen auch manche Bildungsplaner die Hasskappe gegen das Fach Physik an. Also musste eine Möglichkeit geschaffen werden, dieses Fach im Abitur abzuwählen bzw. schon in der so genannten aufgelockerten Oberstufe. Das war schon vier Jahre nach dem Sputnikschock. Wie schnell doch Reformen durchgezogen werden können, wenn auch der Nachwuchs einflussreicher Leute gefährdet ist.

## Fragen zum Thema:

1.) Wie ist der Sinus, Cosinus, Tangens und Cotangens definiert?
2.) Wann und von wem wurde das Fallgesetz formuliert und was war der gesellschaftliche Hintergrund dafür?
3.) Welcher Gegenstand fällt von den gleichen Höhe aus auf dem Mond schneller auf den Boden: Ein Hammer oder eine Feder?

Antwort siehe Seite 98ff

# 8. Physik und Sprache

Jedes Fach hat seine eigene Sprache. Einige meiner Deutschlehrer sprachen Schwäbisch. Da sie „native speakers" waren, ließ man das durchgehen. Die konnten halt fast alles, aber kein Hochdeutsch.
Ein großer Teil des Englisch- und Französisch- Unterrichts wurde auf Deutsch abgehalten. War auch akzeptiert. Ob das aber so in Ordnung war?
Jedenfalls behaupten viele, früher hätten die Schüler bessere Leistungen in Sprachen erbracht. Sei`s drum. Früher war alles besser, auch wenn es schlechter war.

Nun aber zur Fachsprache in Physik. Sicher ist die wichtig wie in allen Fächern. Aber ist sie wirklich so wichtig wie im folgenden Beispiel in einer 8. Klasse an einem Gymnasium aus dem Jahre 1970?


Lehrer: „Was ist Arbeit?"
Schüler: „Ich habe neulich meiner Oma geholfen. Ich musste für sie „Grehla" (schwäbische Bezeichnung für gebündeltes und getrocknetes Holz) vom Dachboden heruntertragen, damit sie den Ofen anzünden konnte. Da musste ich schwitzen. Meine Oma hat mich gelobt, weil ich dabei viel Arbeit geleistet habe."
Lehrer: „Setzen. Sechs!"

Der Schüler erschrickt und die Klasse zuckt zusammen. Keiner weiß so recht, wofür die Sechs gegeben wurde. Es traut sich aber auch keiner, zu fragen.

Lehrer: „1.) Arbeit ist Kraft mal Weg. 2.) Arbeit wird nicht geleistet, sondern verrichtet. 3.) Beim Heruntertragen wird überhaupt keine Arbeit verrichtet, sondern eher das Gegenteil.
Und außerdem interessiert in der Physik weder die Oma noch ihre Grehla noch der Ofen. Allein um die physikalischen Inhalte geht es hier. Hier ist Objektivität gefragt. Wer das nicht begreifen will, ist hier am falschen Platz. Der kann ja Steine klopfen gehen."

Nächste Frage des Lehrers: „Was ist Leistung?"
Schüler: Ich bin mal von hier nach Kleinkleckersdorf gefahren und zurück. (ist eine ebene Strecke). Mein Vater hat mich für diese Leistung gelobt.. .
Lehrer: Setzen. Fünf.

Warum Fünf, denken manche in der Klasse, wenn die Antwort auch falsch ist? Weil die Oma aus dem Spiel ist und der Vater den Lehrer kennt ???

Lehrer: „Leistung ist der Quotient aus Arbeit und Zeit. Ohne Zeitangabe keine Leistungsangabe. Außerdem wird auf ebener Strecke keine Arbeit erbracht."

Schüler: „Aber ich musste doch Kraft aufwenden, um da lang zu radeln."

Lehrer: „Das hat mit Reibung und Luftwiderstand zu tun und das wird hier vernachlässigt."

Der Unterricht geht weiter - physikalisch korrekt. Mir kommen Zweifel. Wie war nochmal die Alternative? Physik oder Französisch?

physique ou francais - faite votre jeux - rien ne va plus. Schade auch, auf das falsche Feld gesetzt. Nous voulons, vous voulez - nou is a wech, wo is a nou?

## 9. Warum ausgerechnet Physik als Studienfach?

Komische Frage. Im Jahre 1964 waren wir Schüler in der Regel noch sehr naiv. Ich jedenfalls konnte mir gar nicht vorstellen, dass ein Berufsberater mich hätte falsch beraten können. Ich fühlte mich sehr geehrt und ernst genommen, dass sich ein erwachsener Mensch die Mühe machte, mich zu beraten. Warum sollte der mich denn auch falsch beraten? Von gesellschaftlichen Interessen war mir natürlich nichts oder sehr wenig bekannt. Wie hätten mich Versuche mit dem Schuss von Kanonenkugeln, Berechnungen zu Umlaufbahnen von Satelliten oder Elektronen in dieser Hinsicht damals auch weiterbringen sollen?

Jedenfalls lobte mich der Berufsberater ob meiner guten Noten in Mathematik und Naturwissenschaften und sagte klar, dass diese Studienfächer für das Lehramt für mich das Ideale seien. Ich fühlte mich geschmeichelt. Biologie war immer mein Lieblingsfach, aber in Englisch waren meine Noten genauso gut wie in Physik und Mathe und meinen Englischlehrer mochte ich gerne. Also warum nicht Englisch und Biologie? Das hörte der Berufsberater gar nicht gerne. Er sagte klipp und klar, dass ich dann kein Stipendium bekäme. (Von seinem Votum hing das damals ab! So jedenfalls wurde mir das mitgeteilt). Englisch sei kein Mangelfach und wenn schon nicht Mathe und Physik, dann sollte wenigstens Chemie dabei sein, da Biologie keine so rechte Naturwissenschaft sei. Ob ich noch nie was von einem Sputnikschock gehört hätte? Ja doch, war meine Antwort. Na also! Dann wüsste ich doch wohl, was unsere Gesellschaft braucht, wo die Zukunft für uns liegt und wo es lang gehen soll. Er würde mich ja schließlich nicht in eine Bäckerlehre schicken, sondern zu einem anspruchsvollen Studium raten, das für die Gesellschaft wertvoll sei. Das schmeichelte mir wiederum sehr und ich erinnerte mich an den erfolgreichen Schuss mit der Kanone in der Physik-AG. Also entschloss ich mich mutig, Naturwissenschaften zu studieren - inklusive Physik. Zeitökonomisch gesehen erwies sich Physik als gute Wahl. Der Aufwand, gute Noten zu machen, war sehr überschaubar. Entgegen anderslautender Gerüchte hielt sich die intellektuelle Herausforderung verglichen mit Bereichen aus der physikalischer Chemie auch durchaus in Grenzen.

Allerdings war eiserne Disziplin gefragt, was meinem damals etwas übertriebenen Zwangscharakter aber sehr entgegenkam. An Spätfolgen dachte ich zu der Zeit noch nicht. Hätte ich geahnt, mit welch schwierigen Menschen ich in diesem Zusammenhang zu tun bekommen würde, hätte ich das Fach allenfalls zu meinem Hobby gemacht. Da kann man sich die Leute aussuchen, mit denen man zu tun haben will. Nach quälenden 30 Jahren ist es für mich endlich so weit, dass ich Physik als spannendes Hobby betrachten kann. Keine unsäglichen Diskussionen mit Fachkollegen mehr und keine quälenden Fachkonferenzen mehr.

Nur noch Spaß an der Physik in Gesprächen mit Leuten, die was von Physik verstehen und trotzdem Verständnis dafür haben, wenn nicht jeder Satz, jedes Wort einer zwanghaften Norm entspricht, die das Fach zum Alptraum machen kann.

**Frage zum Thema:**

Stellen Sie sich folgende Situation vor. Sie sind völlig neu in einer Ihnen noch unbekannten Stadt und machen eine Fete. Sie können bei der Einladung auswählen zwischen Lehrern, Handwerkern, Ärzten, Juristen, Ingenieuren, Architekten und deren Angehörigen.

Bei den Lehrern sind solche mit Mathe/Physik, Biologie/Erdkunde, Biologie/Sport, Englisch/Deutsch, Deutsch/Geschichte.

Wie würden Sie auswählen? Mal ganz ehrlich!
Diese Antwort können wirklich nur Sie selbst geben.

# 10. Kraft

Was manche Physiker ärgert, ist das Fehlen eines einheitlichen Kraftbegriffs. Wie schön wäre es doch, wenn das Phänomen der Kräfte auf **eine** Ursache, also auf **eine** Urkraft zurückgeführt werden könnte. Die Biologen haben die Ursuppe, die Historiker die Urgeschichte und jeder Angestellte hat Urlaub.

Lord RUTHERFORD sagte einmal, alle Naturwissenschaft sei entweder Physik oder Briefmarkensammeln. Da passen die verschiedenen Kräfte der Physik aber nicht so recht rein. Da gibt es „die starke Kraft", die die Quarks zusammenschweißt (soll angeblich das sein, was die Welt im Innersten zusammenhält). Daneben die „Schwerkraft", die uns das Aufstehen in höherem Alter erschwert, aber immerhin die Planeten aneinanderbindet und die „elektromagnetische Kraft", die uns die Erleuchtung gibt. Etwas unverständlich erscheint mir die „schwache Kraft", die den radioaktiven Zerfall von Atomen bewirkt. Reichlich merkwürdig kommt mir das vor. Eine armselige Sammlung. Eine Beleidigung für jeden Briefmarkensammler. Sehr geehrter Herr RUTHERFORD, „Sir", das wurmt. Einfalt statt Vielfalt? Nun ja, man muss den geehrten Sir aus seiner Zeit heraus verstehen. Die Devise „Einfalt statt Vielfalt" war früher in. Heute sieht man das vielleicht ein bisschen anders. Ich erlaube mir einfach, mich an der begrenzten Anzahl von Kräften zu stoßen.

Was wäre eine Medizin ohne „Selbstheilungskräfte", die „stärksten Wasserkräfte in Form von Tränen einer Frau" oder ganz allgemein die „Kräfte der Natur". Auch wenn diese in manchen Wertbespots ganz und gar verzichtbar sind, dienen sie doch etwas der Bereicherung.

Ich will hier auf die Aufzählung allzu vieler Kräfte verzichten. Als Pubertierender hat mich die Feuerkraft von Schlachtschiffen oder Jagdflugzeugen besonders imponiert. Das war mir später lange Zeit peinlich, da moralisch und politisch nicht korrekt. Deshalb und weil es auch nicht wirklich wichtig ist, habe ich vergessen, mit welchen Bordkanonen ein Jagdflugzeug von Messerschmitt oder Focke-Wulf bestückt war. Dass ein Heinkel-Bomber He 111 angeblich eine Tonne schleppen konnte und die Junkers 88 angeblich zwei Tonnen, habe ich behalten, woher ich die Information auch immer hatte. Darüber wurde auf Schulhöfen früher in den 50er Jahren viel diskutiert und wer die präzisesten Informationen darüber hatte, war King. Interessiert heute nicht mehr. Doch gelernt ist gelernt.

Einige Zeit nach der Interessensphase der „Feuerkräfte" ist mir eine Kraft begegnet, die mich ganz besonders beeindruckt hat. Diese Kraft war mir bis dato unbekannt. Ich fand sie auch in keinem Physikbuch erwähnt.
Ich begegnete dieser Kraft in einem Bettgeschäft. Ein Vertreter hatte mir als Ersatz für meine alten dreiteiligen Matratzen eine neue aufgeschwatzt. Nein, besser. Er überzeugte mich, dass es sich lohne, eine gute Matratze zu kaufen, da man doch ein Drittel seines Lebens darauf zubringen würde. Die Matratze wirke nach dem Prinzipo „actio gleich reactio" der Schwerkraft entgegen und die Art und Weise, wie sie das tue, sei für das Wohlbefinden von entscheidender Bedeutung. Leuchtete mir ein. Ich kaufte die Matratze und suchte nach einem adäquaten Kissen in einem Bettengeschäft.
Eine sehr hübsche Verkäuferin nahm sich meiner an. Sie führte mich rüber zu den Betten und lächelte mich freundlich an. Das Bett war frisch bezogen, wie es sich gehört und ich war hin und hergerissen und hatte schon ganz merkwürdige Assoziationen.
Die hat das gemerkt. Irgendwie. Sie sagte in einem fast bedauernden Ton: „Wissen Sie, ein gutes Gewissen ist das beste Ruhekissen. Aber

das will und kann ich Ihnen hier natürlich nicht verkaufen. Das müssen Sie selber entscheiden."

Um wegen meiner damals sehr eifersüchtigen Freundin auch nicht in den Hauch von Gewissensnöten zu kommen, sagte ich, ich sei Physiklehrer (was eigentlich schon reichte) und jetzt an den rein objektiven Eigenschaften eines Kissens interessiert.

Da wurde sie amtlich und sehr professionell. Sie holte fünf verschiedene Kissen, drückte sie rasch hintereinander in derselben Weise ein und verwies auf die Zeit, in der die Kissen wieder in ihre alte Lage kamen. Ich war beeindruckt. Sie fragte mich, ob ich wisse, woran das läge. „Nein, nicht so recht", antwortete ich zögerlich.

Ihre Antwort: „Die Ursache dafür ist die Bauschkraft - und nach dieser Bauschkraft richtet sich auch der Preis. Je höher die Bauschkraft, desto höher der Preis." Sie wiederholte den Versuch und tatsächlich fiel er wieder so aus wie das erste Mal. Reproduzierbarkeit ist ja wohl ein wichtiges und in der Praxis auch überzeugendes Kriterium. Mir ging in dem Moment der Gedanke durch den Kopf, ein solches Experiment in der Schule vorzuführen. Der Ablauf des Bauschens schien mir zu irgendeiner brauchbaren mathematischen Funktion zu passen. Irgendwas mit e und x und einer Konstanten. Ungefähr so wie in folgender Skizze.

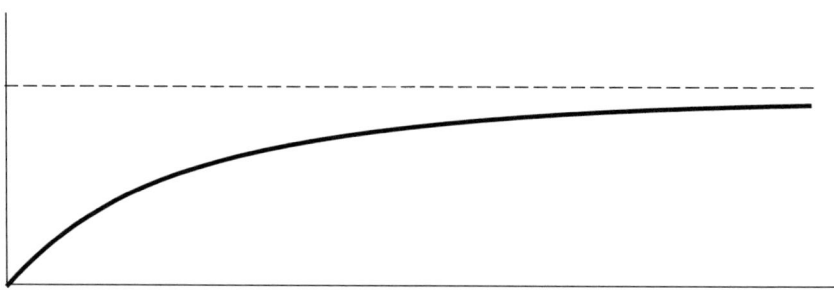

Ich fragte die Verkäuferin bzw. vermutete fragend, ob sie in Physik interessiert und gut gewesen sei.

„Oh Gott!!!", sagte sie. „Nein!!! . In Mathe hatte ich eine Beton-Fünf und wegen der Physiknote bin ich dann von der Schule geflogen. Deshalb arbeite ich hier."

Ich vergaß meine mathematischen Funktionen, kaufte das Kissen mit der größten Bauschkraft, bedankte mich für die gute Beratung, bezahlte und ging.

Ich war etwas frustriert. Verpasste Gelegenheit für einen Flirt? Resignation, was die Mathematisierung in Physik angeht?
Ich weiß es nicht mehr.

Jedenfalls schlummerte ich mit ruhigem Gewissen ohne mathematische Funktionen im Kopf und auf dem Kissen mit der größten Bauschkraft selig ein. Fast hätte ich verschlafen.
Doch der Wecker klingelte unbarmherzig. 7.50.
Erste Stunde.
Physik.
Thema:
Kraft, Masse, Beschleunigung.

**Fragen zum Thema:**

1.) Woran kann man erkennen, dass Kräfte wirken?
2.) Welche Kraft übt eine Tafel Schokolade mit der Masse von 100 Gramm aus auf die Hand, auf der die Tafel liegt?

Antwort siehe Seite 101

## 11. Wo waren denn die Frauen im Physik-Studium?

Anfang bis Mitte der 60er Jahre studierten insgesamt weniger Frauen. In Chemie waren es hauptsächlich die, die Biologie studierten und Chemie als weiteres Fach dazunahmen, falls sie nicht von diesem Fach abgeschreckt wurden. Es wurde nämlich kolportiert, auch in Chemie könne man abgekocht werden. Zu Kochen gab es in Chemie tatsächlich ziemlich viel und die Rechnereien in der physikalischen Chemie hätten sicher etlichen Physikern die Haare zu Berge stehen lassen. Aber das war alles irgendwie machbar. Das haben die Frauen auch damals hingekriegt bzw. hingepfuscht, wie das alle getan haben, die mit dreifachen partiellen Integralen nicht immer klar kamen. Schlunzen nannte man diese Strategie in Praktika und im übertragenen Sinn auch bei Prüfungen, die man damals Kolloquien nannte. Die Antworten der Assistenten auf unsere schwierigeren Fragen waren : „Versuchen Sie doch nicht, das zu verstehen. Gewöhnen Sie sich daran". Naja. Der Gewöhnungsfaktor ist der weiblichen Intuition sicher genauso gut zugänglich wie der männlichen. Darüberhinaus beherrschten die Frauen die Technik des kalten Aufschlusses (freundliches, unterwürfiges, hilfeheischendes Fagen bei den Assistenten) besser als die Männer. In Chemie ging das also ganz gut. Das hat sicher mit dem zu tun, was man heute als emotionale Intelligenz bezeichnet.
Damit hatte man aber in Physik ganz schlechte Karten. Frauen waren dort praktisch nur vertreten in den Fremdpraktika für Mediziner, Pharmazeuten und Biologen und die wurden von den Physikern schlicht nicht ernst genommen. Ich war aufgrund eines Beratungsfehlers (vielleicht war ich auch wegen einer hübschen Frau in der falschen Schlange gestanden) in das Praktikum für Biologen geraten. Denen wurde

nicht zugetraut, dass sie ein Problem auch mathematisch exakt lösen konnten. Im zweiten Versuch war eine etwas vereinfachte Berechnungsanleitung gegeben. War ich nicht zufrieden damit.

„Ich denke schon, dass dieses Problem exakt gelöst werden kann." So habe ich intuitiv dem Assistenten eine Lösungsmöglichkeit vorgeschlagen. Das bezweifelte er und war darob etwas erbost und verlangte eine mathematisch exakte Ableitung. Eine Woche später legte ich ihm eine Berechnung vor. Fünf DIN-A-4 Seiten, eng beschrieben. Zu meiner Verblüffung reagierte er darauf mit einer Anerkennung, mit der ich nie gerechnet hätte. Ab diesem Zeitpunkt hatte ich in diesem Physik-Praktikum Narrenfreiheit. Ich durfte sogar den Medizinstudentinnen oder Pharmaziestudentinnen bei den Praktika helfen. So kam ich in den Genuss, im Physikstudium mit Frauen zusammenzukommen. Leider waren diese Kontakte sehr kalkuliert - von seiten der Frauen; oder war ich einfach zu blöd, was draus zu machen. Wie auch immer, ich musste mich in den Pfaden der Physik weiterbewegen und das hieß, ein weitergehendes Praktikum zu absolvieren. Da waren die Frauen außen vor. Es ist mir nicht gelungen, eine Studienkollegin in Physik kennenzulernen. Gab es damals einfach nicht. Schade auch. Heutzutage wird kolportiert, dass das mit den Funktionen der beiden Gehirnhälften zu tun hat. Die sollen bei Männern und Frauen unterschiedlich ticken. Mag ja sein....

**Aufgabe zum Thema:**

Stellen Sie sich folgende Situation vor: Sie sind gerade beim Spülen oder irgendeiner anderen anspruchslosen Tätigkeit und hören nebenbei Radio. Nun klingelt das Telefon.
**Wie reagieren Sie?**
a) Sie telefonieren und gehen Ihren Nebentätigkeiten weiterhin nach.
b) Sie stellen das Radio ab, Ihre bisherigen Tätigkeiten ein und konzentrieren sich ganz auf das Telefongespräch.
Antwort siehe Seite 102

## 12. Physik und die 68er in einer schwäbischen Klein-, Kreis-, und Universitätsstadt

Während meines Studiums (1964 - 1969) entzogen sich die Physikstudenten mehr oder weniger der Entwicklung bezüglich der Irrungen und Wirrungen in der Studentenbewegung. Ich auch. Pauken war angesagt. Politische Diskussionen wurden eher als lästig empfunden oder als völlig abwegig. Hatte allem Anschein nach weder Hand noch Fuß. Die Protagonisten der Studentenbewegung an der Uni Tübingen machten es einem in dieser Hinsicht auch wirklich einfach. Ihre Argumentationen waren zwar sehr emotional vorgetragen, aber recht wenig verständlich. Leere Worthülsen, wenn man von reproduzierten Standards absieht, die u.a. von Rudi Dutschke oder manchen Professoren gesetzt wurden.

Die emotionale Anfütterung fand im Kino statt. In der Spätvorstellung waren meist Western angesagt. Wir (Bekannte und Freunde von mir, Studenten der Biologie und Chemie) gingen da hin, einfach um nach langen Fachdiskussionen und anschließenden Tischfußballspielen abzuschalten. Die Creme de la Creme der 68er saß im Nachtkino immer vorne in der Rasierloge und pumpte sich voll mit dem revolutionären Gedankengut, das in manchen Western eingestreut war (Es ging um die Revolution in Mexiko). Das erinnerte mich und andere oftmals an die Sprüche, mit denen in Flugblättern zur Revolution aufgerufen wurde. Was war das doch für eine Flut von Flugblättern! Die Wartezeiten in der Mensa von etwa 45 Minuten reichten kaum aus, um den ganzen Kram durchzulesen. Um die Wartezeiten zu überbrücken, war es aber schon ganz ok. Ein Problem war allerdings die Verunsicherung, die aus den hard facts des Studiums und den fast täglich wechselnden Positionen des SDS und später der K-Gruppen erwuchsen. War die

Welt nun festgefügt und gehorchte Gesetzen, so wie sie aus der Physik bekannt waren oder konnte alles von heut auf morgen anders sein? Mit Dynamik und Positionswechseln taten sich die Studenten der Physik damals sehr schwer. Die Bedeutung des bekannten Sackes Reis, der in China umfiel, wurde da schlicht und einfach auf die dahinterstehende Wirkung der Schwerkraft reduziert. Diese reduktionistische Art der Betrachtung der Welt fand bei den Phrasendreschmaschinenakkordarbeitern mancher Gesellschaftswissenschaftler keine große Anerkennung. Umgekehrt war uns Studenten der Naturwissenschaften unklar, wie ein Studium bewältigt werden konnte, ohne an den Veranstaltungen präsent zu sein. Soziologen vor allem aus Berlin erzählten voller Stolz, sie hätten ihr Studium gemacht, ohne die Uni von innen gesehen zu haben.

Wenn wir an heißen Sommertagen im Labor schwitzten und Versuche und ein Testat nach dem anderen machen mussten, saßen manche Vertreter der Gesellschaftswissenschaften im Schimmbad und diskutierten dort ihre Probleme. Das kam uns nicht wie Arbeit vor und den andern unsere Tätigkeit wie das Wuseln in einem Ameisenhaufen.

Kurz und gut: Man begegnete sich kaum und verstand sich schlicht und einfach nicht. Und noch eins: man konnte sich gegenseitig nicht leiden. Die Beziehungen waren durch gegenseitige Missachtung und Verachtung geprägt. Kontakte gab es allenfalls bei den berühmtberüchtigten Chemiker-Feten mit selbst gebranntem Schnaps etc. oder bei den Biologenbällen, die mit eigenen Bands und guten Ideen aufwarten konnten. Da waren sogar Frauen aus anderen Fachrichtungen anwesend.

Ich kann mich nicht erinnern, dass die Physiker an „meiner" Uni jemals eine Fete organisiert hätten. Nicht eine einzige in fünf Jahren! Der Umgang untereinander war sehr korrekt und höflich distanziert. Auch nach 68 gab es noch die Anrede „Sie" und „Herr Kommilitone". Das „Du" war sehr selten in Gebrauch und das dann bei Bekannten, die sich aus anderen Zusammenhängen kannten. Bei dem Übergang vom Sie nach Du unter Weglassen des „Herrn Kommilitonen" oder der

„Frau Kommilitonin" war das auch bei den Chemikern und Biologen teilweise etwas verkrampft und fand häufig nach dem Kippen von etlichen Krügen Most in einer der Freiluftkneipen statt. Aber nach einem oder zwei Semestern war das auch schon 1964 geklärt. Ein allgemeiner lockerer Umgang unter den Physikstudenten ist mir von Ausnahmen abgesehen verborgen geblieben. Auch mit Studienkollegen, mit denen ich manche lange Zeit gemeinsam gelernt habe - und das sehr intensiv  war ich bis zum bitteren Ende per Sie und hatte dann auch keinen Kontakt mehr. Die Arbeitsintensität und Effektivität war allerdings ausgesprochen hoch. Doch der Preis auch.

Um das Unverständnis beider Seiten zu demonstrieren, seien hier geistige Ergüsse aus der Physik sowie den Erzeugnissen einer Phrasendreschmaschine zum Besten gegeben. Das kann nicht zusammengehen, beim besten Willen nicht.

**Emanzipatorische Organisationsrelevanz**
**Integrierte Kommunikationsflexibilität**
**Funktionale Interpretationsakzeleration**
**Kreative Motivationstendenz**
**Permanente Identifikationskonzeption**

$$\frac{C_2}{T}\,dT + \frac{L + \frac{dL}{dT}\,dT}{T\left(1 + \frac{dT}{T}\right)} - \frac{C_1}{T}\,dT - \frac{L}{T} = 0 \qquad (1)$$

$$l = T\frac{dp}{dT}\,(V_1 - V_2) = T\frac{dp}{dT}\left(\frac{1}{S_1} - \frac{1}{S_2}\right) \qquad (2)$$

$$\left(p + \frac{a}{V^2}\right)(V - b) = R \cdot T \qquad (3)$$

$$\int_{A\,(ABE)}^{E}\frac{dQ_r}{T} = \int_{A\,(ACE)}^{E}\frac{dQ_r}{T} \qquad (4)$$

## Anmerkungen zu den geistigen Ergüssen

Kleiner Hinweis zum Umgang mit denselbigen: Versuchen Sie nicht, diese ohne weiteres zu verstehen. Es könnte sonst sein, dass Sie sich auf dem Bahnhof verirren oder sich in der Eiswüste der Abstraktion eine Erkältung holen.

## Zur Orientierung seien hier einige Gedanken zu den geistigen Ergüssen geäußert.

Zu den Produkten aus der Phrasendreschmaschine kann man als nicht gelernter, vom 68er-Geist durchdrungener Soziologe wohl nicht viel Vernünftiges sagen. Vielleicht einfach nur, dass es gut ist, dies mal angesprochen zu haben.

Die physikalischen Gleichungen stammen aus der Wärmelehre. Diese und andere wurden im Bereich der physikalischen Chemie an manchen Universitäten bis zum Exzess durchgehauen. Wohlmeinende Lehrende gaben uns den Rat, wir sollten uns nicht bemühen, das zu verstehen, sondern sollten uns daran gewöhnen. Das weckte manchmal bei uns Studenten enormen Ehrgeiz - aber auch nur bis zu einer gewissen Reichweite.

(1)  und (2) sind Formen der Clausius-Clapeyronschen Gleichung.

(3)  ist die Van der Waalssche Zustandsgleichung für reale Gase und für Kenner der Materie noch recht gut verständlich.

(4)  ist eine Gleichung im Zusammenhang mit dem zweiten Hauptsatz der Wärmelehre. Danach nimmt die Entropie, also die Unordnung eines Systems, ständig zu, wenn nicht von außen Energie zugeführt wird. Dieser Satz ist im Prinzip leicht zu begreifen, da er mit den Erfahrungen aus dem Alltag übereinstimmt. Überprüfen Sie das anhand eines einfachen Versuchs.

## Versuch:

Nützen Sie die Gelegenheit jetzt, um Ihr Zimmer oder den Keller o.ä. mal ordentlich aufzuräumen. Halten Sie diese Ordnung und deren Entwicklung bildlich mit der Kamera fest in gebührenden zeitlichen Abständen. Das Ergebnis zeigt, dass der Entropiesatz seine Berechtigung hat. Ob man aber an Schulen solche merkwürdigen Gleichungen benötigt, um in Chemie oder Physik auf eine ausreichende Leistung zu kommen, sei hier mal dahingestellt.

Sollte Ihnen dieses Experiment zu aufwendig sein, versuchen Sie es mit einem einfacheren. Stellen Sie ein ordentlich geleertes, sauberes Gefäß einigermaßen leicht erreichbar irgendwo auf. Kraft seines Hohlraums bewirkt dieses Gefäß, dass sich darin alle möglichen Gegenstände ansammeln. (Z.B. Gummiringe, Büroklammern, Münzen, Staub ...).
Das Gefäß wirkt sozusagen als Hohlraumsaugzieher und funktioniert auf der Grundlage von psychischer Schwäche und der Stärke der Schwerkraft und ist ebenso ein klarer Beweis für die Stimmigkeit des Entropiesatzes.

# 13. Intelligenzbestien und die Angst vor der Physik

Intelligenz ist, was der Intelligenztest misst. Prima. Alles klar. Gott sei Dank weiß ich meinen IQ nicht. Vielleicht wäre das ja eine große Enttäuschung für mich.

Nach meiner sehr erfolgreichen Prüfung in Chemie und vor allem Physik sagte mir eine attraktive Frau anerkennend, aber sehr distanziert, da müsse ich ja wohl eine Intelligenzbestie sein. Über einen hohen IQ kann man sich ja freuen. Aber eine Bestie? Das ist doch etwas Gefährliches, Bösartiges, Heimtückisches. Das wollte ich nicht sein und fand es gar nicht schmeichelhaft. Wie dumm, dass ich nicht Englisch studiert hatte oder Französisch. Da war der IQ überhaupt nicht von Interesse, sondern Kommunikation. Distanz war auch nicht vorprogrammiert und besagte Frau hätte vielleicht andere Qualitäten an mir entdeckt.

Physik (gilt in abgemilderter Form auch für Chemie) kann in manchen Lebenslagen einsam machen. Des öfteren erlebte ich spontane Abwehrreaktionen, wenn ich auf Fragen nach meinen Studienfächern Physik erwähnte.

Was das Lesen der Körpersprache angeht, bin ich nahezu Analphabet. Aber die Reaktion - hauptsächlich von Frauen - nämlich drei Schritte zurück, Hände abwehrend nach vorne schieben mit einem Gesichtsausdruck von sehr distanziertem Respekt und ein aus tiefster Lunge herausgepresstes „Huh" verstand auch ich.

So läuft natürlich nichts, wenn man anbändeln will. Eine Briefmarkensammlung hatte ich keine und der Trick mit den Schachfiguren (Wenn Du mich mal zu Hause besuchst, zeige ich Dir auch meine Schachfiguren) war schon damals ein totaler Flopp.

Mit Botanik und so`n Kram konnte man auch nicht viel Eindruck schinden.

Also verschwieg ich systematisch meinen Beruf und vor allem meine Fächer Chemie und Physik und stützte mich auf meine Trompete. Ich spielte lange Zeit in verschiedenen Dixieland-Bands. Diese Musik war damals gefragt und man konnte Eindruck schinden. Das schmeichelte dem Ego und imponierte damals den Frauen, ein durchaus willkommener Effekt. Das Anbändeln war dadurch sehr erleichtert und wenn der Beruf und vor allem das Fach Physik nicht mehr zu verheimlichen war, konnte der Flurschaden einigermaßen ausgebügelt werden.

Auf den ersten Eindruck kommt es an. Das war eine wichtige Erfahrung, die das Leben so schrieb. Sie sollte im weiteren Verlauf meiner beruflichen Tätigkeiten noch eine große Rolle spielen.

# 14. Auf den ersten Eindruck kommt es an

Bei der Lehrerausbildung 1970 wurden wir von allen Fachleitern und dem Seminarleiter in recht unterschiedlicher Form auf diesen Punkt hingewiesen. War im Allgemeinen auch ganz hilfreich, da uns das im Anfangstrubel nicht so präsent war.

Der Physik-Fachleiter hat in seiner Vorführstunde (so weit ich mich erinnern kann, gab es nur die eine) vorgeführt, wie der erste Eindruck aussehen sollte.

Es war ein achtes Schuljahr. Kaum saßen wir auf unseren Plätzen, brüllte er einen Schüler an und machte den so richtig fertig. Der schaute sich hilfesuchend um. Sein Blick fiel auch auf mich. Den Blick werde ich nie vergessen und ich empfinde heute noch Scham darüber, dass ich in diesem Moment überhaupt nicht in der Lage war, zu reagieren. Einfach gehen, wäre angemessen gewesen. Nun ja. Wir ließen die Stunde über uns ergehen. Bei der Besprechung fragte ich danach, was der Schüler denn getan habe. Das sei nicht entscheidend, meinte der Fachleiter. Es hätte auch ein x-beliebiger anderer Schüler sein können, den er auf dem Kerbholz habe. Wichtig sei der erste Eindruck. Besonders bei der Übernahme einer Klasse und grundsätzlich zu Beginn des Unterrichts müsse man einen herausgreifen und gezielt fertig machen. Das stärke die Disziplin. Außerdem dürfe man eine Klasse in keinem Moment aus den Augen lassen. Ob uns nicht aufgefallen sei, dass er selbst beim Anschreiben an die Tafel immer die Klasse im Blick gehabt habe.

Aufgefallen war mir, dass der arme Mann beim Schreiben ganz fürchterliche Verrenkungen gemacht hat. Ich hielt das in dem Moment für irgendeines der Kriegsleiden, auf die sich manche Lehrer damals - übrigens häufig zu Recht - berufen haben. Ich traute mich aber nicht, das zu äußern. Er war ganz stolz auf diese seine Fähigkeiten und in der Tat war es schon erstaunlich, wie ein geistig derart verknöcherter Mensch solche Verrenkungen über einen längeren Zeitraum durchhalten konnte.

Dennoch sagte ich bei der Besprechung, dass ich es aus pädagogischen Gründen nicht für vertretbar halte, so mit Schülern umzugehen.

**„Ich bin kein Pädagoge, sondern Physiker!"**, war seine Antwort.

Nach meinem Eindruck hatte dieser Mann einen geistigen Horizont mit dem Radius Null. Immerhin ein eindeutig definierter Standpunkt.

# 15. Die Hierarchie von Fächern

Der Unterricht machte in der Klasse 8 in Physik viel Spaß. Es waren vier Parallelklassen, die mein Mentor unterrichtete. Ich durfte bei ihm als Referendar mit einsteigen. Jeder betreute zwei Klassen und wir waren meistens beide anwesend. Abwechselnd machte er die beiden ersten Stunden und dann ich. Der Mentor war immer freundlich, aber auch streng und konsequent. Jede Stunde gab es Experimente - Schülerexperimente! (Pendelschwingungen zum Beispiel). Herrlich. Die Schüler waren begeistert und machten mit. Eine der vier Parallelklassen war die Problemklasse an der Schule. Davon bekamen wir nichts mit. Ganz im Gegenteil! Das war eine Superklasse, die sich in Physik zu Höchstleistungen aufschwang. Ich orientierte mich sehr stark an dem Unterrichtsstil des Mentors und lernte dabei wirklich viel. Dass Physik ein Problemfach sei, hätte ich nach diesen Erfahrungen nie geglaubt.

Eines Tages bekam ich die Klasse in Biologie. Auch da lief der Unterricht wie eine Eins. Kleine Ausflüge in die Physik oder Chemie  kein Problem. Aber action musste schon sein mit vielen Versuchen zum Mikroskop oder zur Untersuchung von Inhaltsstoffen einer Orange mit chemischen Nachweisen etc.

Zum Ende der Einheit fragte mich ein Schüler, er war einer der Besten in der Klasse, ob ich wirklich Biologe sei. Er hätte immer gedacht, ich sei Physiker. Seine Enttäuschung war ihm anzusehen, als ich ihm sagte, dass ich die Biologie noch viel spannender fände als Physik.

Das hat mich sehr nachdenklich gemacht. Es schien mir, als ob da in der bisher sehr guten atmosphärischen Beziehung zwischen diesem Schüler und mir irgendein Knacks stattgefunden habe. Dass aufgrund meines Faches Biologie in irgendeiner Weise ein Glaubwürdigkeitsverlust oder Autoritätsverlust eingetreten sei. Ich konnte das mit diesem Schüler leider nicht klären, da die Kontakte durch andere Lehraufträge unterbrochen wurden.

Aber ich habe das mit dem Klassenlehrer besprochen. Der war für das Gespräch auch sehr offen. Er unterrichtete in dieser Klasse Mathematik und ansonsten Physik und Chemie. Auf eine durchaus freundliche Art klärte er mich über die Hierarchie von Fächern auf.

„Ganz oben steht allenfalls der liebe Gott, falls man an diesen glaubt. Dann kommt die Mathematik, die Göttin der Wissenschaft und erst danach Physik als die exakte Wissenschaft. Chemie als die schmutzige Tochter der Physik ist ja gerade noch so akzeptabel. Aber mit der Biologie ist das so eine Sache. Eigentlich ist das doch gar keine Naturwissenschaft mehr. Nicht ganz so schlimm wie Erdkunde, die man ja auch klar als die oberflächliche Wissenschaft der Erde bezeichnen kann. Sozialwissenschaften sind sowieso der letzte Scheiß und haben eigentlich an der Schule nichts verloren".
Ich war platt. Das erzählte dieser eigentlich sehr freundliche und nette und auch bei Schülern überaus beliebte Kollege ganz offen im Lehrerzimmer im Beisein aller gerade anwesenden Kollegen. Unfassbar, aber wahr. Ich kannte den Mann von seiner Veranstaltung „Mathematik für Nichtmathematiker", an der ich mit großer Begeisterung teilgenommen hatte.

Die anwesenden Kolleginnen und Kollegen widersprachen diesen Aussagen nicht und zeigten auch keine Anzeichen von Empörung.
Ich war wie vor den Kopf gehauen und musste mehrmals kräftig schlucken, bis der Gong zur nächsten Stunde ertönte.

Zuhause dachte ich darüber noch nach. Es fielen mir weitere Begebenheiten dazu ein, die ich jetzt in einem größeren Zusammenhang sah.

Ein Assistent in der Uni fragte mich während des Studiums bei einem Testat nach einem Tensor (ist irgendetwas kompliziertes Mathematisches). Ich wusste nicht (und weiß es heute noch nicht), was ein Tensor ist.

„Was?", schrie er, „Sie wissen nicht was ein Tensor ist?"

„Nö, noch nie gehört." Ich war mir keiner Schuld bewusst und hatte bei dem Assistenten (er war der Gefürchtetste im so genannten Folterkeller der Physik) immer recht gute Testate gemacht. Er ging kurz raus, kam nach ein paar Minuten wieder rein und sagte verächtlich: „Sie sind ja nur Biologe und nicht Mathematiker, wie aus den Akten hervorgeht. Ich werde in Zukunft darauf verzichten, Sie nach anspruchsvollen Inhalten zu befragen". Ich zuckte die Schultern und tröstete mich damit, dass nur noch wenige Versuche zu machen waren.

Im Referendarsdienst war das erste Kommentar meines Fachleiters. „Wenn Sie nicht Mathematiker sind, sind Sie auch kein rechter Physiker." Ein Rechter wolle ich auch nicht sein, entgegnete ich. Von da an war ich bei ihm unten durch. Lag an seiner politischen Einstellung, wie ich später merkte.

Im weiteren Verlauf meiner beruflichen Laufbahn achtete ich verstärkt auf solche Töne und immer wieder gab es nicht allzu wenige Kollegen in der Physik, die sich ganz offen aufgrund ihrer Fächerkombination Mathematik und Physik als etwas Besseres deklarierten. Eine Äußerung noch im Jahre 2000 in einer Fachkonferenz: „Unter uns gesagt, das einzige Fach, in dem noch Ansprüche gestellt werden, ist doch die Physik." Armer Irrer, dachte ich und sagte, er solle doch seinen Scheiß bitte für sich behalten. Damit war das Thema in dieser Konferenz für mich erledigt. Das dahintersteckende Problem allerdings nicht.

Denn das steckt als Hierarchieversteinerung in manchen Köpfen.

**Der liebe Gott. (falls es ihn gibt)**

   **Die Mathematik**
     **Die Physik als exakte Naturwissenschaft.**
       **Die Chemie als schmutzige Tochter der Physik**
         **Biologie??? Eine Naturwissenschaft???**

**Erdkunde als oberflächliche Wissenschaft der Erde!**

**Der schäbige Rest ist dann der letzte Dreck, der den Namen Wissenschaft nicht verdient!!!**

# 16. Deutsche Physik

Der weiße Riese war mir schon vor dem Studium bekannt. Allerdings nicht aus dem Physikunterricht, sondern aus der Werbung. (Von Persilscheinen war mir zu Ohren gekommen im Zusammenhang mit alten Nazis, die rehabilitiert wurden. Das galt auch für Techniker und Physiker, vor allem, wenn sie in der Rüstungsforschung gebraucht wurden). Als schon etwas fortgeschrittener Studienanfänger hörte ich (etwa 1966) Kommilitonen in der Mensa bei einem Gespräch etwas von weißen Zwergen, Roten Riesen, schwarzen Löchern etc. erzählen und dachte, sie seien aus einer Märchenstunde gekommen. Weit gefehlt. Sie waren in einer Spezialvorlesung über Astronomie, in der damals nur wenige Studenten waren. Das gehörte zu der Zeit nicht zum Standard im Physikstudium und ich blamierte mich bis auf die Knochen, da ich nicht wusste, was das Weltall zusammenhält und wie unsere Zukunft in einigen Millionen Jahren aussehen würde. Da wurde mir klar, dass ich noch viel zu lernen hatte.

Als unser Fachleiter in Physik bei unserer Ausbildung mal etwas von einer deutschen Physik erzählte und er ein interessantes Buch darüber hätte, das er aber nicht jedem zeigen dürfe, ahnten wir nichts Schlimmes. Es bestand auch keiner darauf, das Buch zu sehen. Physikbücher gab es genug und so war ich froh, dass wir nicht noch mit einem weiteren Buch belästigt wurden. Das einzig Gute an den Physik-Fachsitzungen war sowieso immer, dass sie zu Ende gingen. Besser wäre ohnehin gewesen, sie hätten nie stattgefunden.

Erst etliche Jahre später hörte ich wieder etwas von einer „Deutschen Physik" und dass das mit Ideologie zu tun habe. Konnte ich mir damals nicht vorstellen, da Wissenschaft doch wertfrei sei und international. So jedenfalls war ich durch mein Studium eingestellt worden und ich war davon auch überzeugt und sehe das mit gewissen Einschränkungen auch heute noch so.

Ich wollte wissen, was denn „Deutsche Physik" sei. Also machte ich mich schlau.

Die „Deutsche Physik" war eine seltsame geistige Entwicklung in Deutschland um zwei bekannte Physiker herum. Der eine war LENARD und der andere STARK, beides Nobelpreisträger. LENARD schrieb ein vierbändiges Werk „Deutsche Physik".

Ein Merkmal der „Deutschen Physik" war u.a., dass möglichst wenig Mathematik in der Physik verwendet werden sollte. Naja, wenn es dem besseren Verständnis dient, dachte ich mir. Denn nicht nur ich, sondern auch viele andere sind so hin und wieder an ihre Grenzen gestoßen, wenn sie sich in der Eiswüste der Abstraktion diverser Differentialgleichungen verirrten.

Ein weiteres Merkmal war die Reinhaltung der Fachsprache. Die Vorschläge dazu fand ich skurril bis witzig. So sollte z.B. Rotationsenergie mit Drehwucht, Mikroskop mit Nahrohr, Objektiv mit Dingteil und Okular mit Schauteil übersetzt werden. Das stieß bei mir als Biologe auf starkes Befremden. Dennoch dachte ich mir nichts Böses dabei und erst als ich erfuhr, was da noch so hinter der „Deutschen Physik" steckt, war ich ziemlich geschockt und platt.

An das Originalbuch war nicht ranzukommen, da es auf dem Index der verbotenen Bücher stand. Warum erfuhr man so etwas nicht im Studium?

Aus Sekundärliteratur erfuhr ich dann das Eine und Andere. Hier einige Beispiele:

Zitat: (Naturwissenschaft im NS-Staat. Reihe Soznat: Mythos Wissenschaft. R. BRÄMER (Hrsg.)

PHILIPP LENARD:
„Deutsche Physik"?, wird man fragen. - Ich hätte auch arische Physik oder Physik der nordisch gearteten Menschen sagen können, Physik der Wirklichkeits - Ergründer....
„Dem Juden fehlt auffallend das Verständnis für Wahrheit ... im Gegensatz zum unbändigen wie besorgnisvollen Wahrheitswillen der arischen Forscher."
„In Wirklichkeit ist die Wissenschaft, wie alles, was Menschen hervorbringen, rassisch, blutmäßig bedingt."

LENARD polemisierte vor allem gegen EINSTEIN und die Relativitätstheorie. Ganz allgemein wurde die theoretische Physik abgelehnt und alte Theorien wieder aufgegriffen, die völlig unhaltbar waren. Das ging dann selbst den Nazi-Ideologen gegen den Strich. Sie wollten eine Atombombe bauen lassen und dazu brauchten sie die theoretischen Physiker wie HEISENBERG, v. WEIZSÄCKER etc.
Die „Deutsche Physik" ist übrigens noch während des Faschismus kläglich untergegangen und das rettete einen Rest meines Glaubens an die Wissenschaft als Prinzip. Ich halte diese nach wie vor grundsätzlich für objektiv und vor allem für international, was von den „Deutschen Physikern" geleugnet wurde. Auch wenn es politisch nicht korrekt ist, ist es mir ein Bedürfnis, anzumerken, dass ich in diesem einen Punkt mit den Nazis übereinstimme: Die „Deutschen Physiker" waren noch dümmer und bornierter als die Nazis erlaubten. Schrecklich, aber historisch wohl nicht zu leugnen.

Zum Schluss zur geistigen Erbauung noch einige Vorschläge für die Verdeutschung physikalischer Fachausdrücke.

## Verschluckung statt Absorption

## Lufthülle statt Atmosphäre

Kleinstteil statt Element

Gesichtskreis statt Horizont

Schnittstrebig statt konvergent

Mittagskreisfernrohr statt Meridianinstrument

Schrägsichtfehler statt Parallaxe

Wandelsterne statt Planeten

möhr statt orange

flied statt violett

# 17. Prüfungen in Physik für Mediziner, Biologen und andere Nichtphysiker

## in Zeiten vor 68

Vordiplom oder Zwischenprüfung war angesagt. Nur in welchen Fächern? Botanik, Zoologie, Chemie war klar. Aber sollte es weiter in Mathematik oder Physik sein? Schwierige Frage. Mathe war ja eigentlich gegessen und spielte später keine Rolle mehr bis auf das, was wirklich für die Anwendung wichtig war. Aber das war schon eine ganze Menge. Dennoch hätte es für mich und einige andere mehr Sinn gemacht, Physik als Prüfungsfach zu wählen, da es ja auch Staatsexamensfach war. Doch Angst essen Seele auf. Es kursierten die wildesten Gerüchte über einen Professor Kugeler, so nenne ich den mal.

Der hatte die Mediziner und Biologen gefressen, wurde kolportiert. Eine story beschrieb folgendes:

In einer Gruppenprüfung für Mediziner ließ dieser Prof. vier Murmeln auf den Tisch rollen und fragte, was das denn wohl bedeute. Elastischer Stoß, Impuls, Geschwindigkeit, Masse, ja sogar Rotationsenergie wurde als Idee ins Spiel gebracht. Nichts davon konnte den Prof. überzeugen. Als der Spannungsbogen der Situation gerade seinen höchsten Punkt erreichte, prustete der Prof. laut lachend los und sagte: „Das sind die Rolling Stones, meine Herren".

Da waren alle erleichtert, dass ein Prof. in Physik so witzig sein konnte und dachten schon, dass diese Prüfung nur noch gut laufen könnte. Weit gefehlt! Alle durften das nächste Mal wieder antreten mit der Auflage, nicht nur in Physik, sondern auch in Musik auf dem Laufenden zu bleiben.

Ein Biologe wurde gefragt, was er sehe, wenn er aus dem Fenster schaue. Er sah das Studentenclubhaus. Das war aber nicht genug. Es stand nämlich auch ein Baum dazwischen, auf den es der Prof. abgesehen hatte. Das war dem Biologen entgangen, da er nicht mit einer solchen Frage in der Physikprüfung gerechnet hatte. Nun ja, Baum ist Baum. Da gab es nichts zu deuten. Aber was für ein Baum? Da musste der arme Biologe passen. Er habe ihn noch nie bestimmt und jetzt seien ja keine Blätter dran.

Ei, ei!, meinte der Prof. Dann wisse er schon, wie es jetzt weitergehe. Der Prüfling möge doch wieder kommen, wenn der Baum Blätter habe.

Irgendwie mochte ich da nicht in eine solche Situation geraten. Also zog ich mir lieber wie etliche andere auch in Mathematik die dreifachen partiellen Integrale nochmal rein und sonstigen Kram. War auch nicht einfach, aber sehr berechenbar bezüglich der Aufgaben und der Prüfer. Und so kam es, dass Mathematik als Fluchtweg aus der Angst vor Physik bzw. manchen Physikern diente.

**Aufgabe zum Thema: Angst vor Physik.**

Häufig wurde dieses Problem bei mir im Unterricht von Schülerinnen und auch Schülern eingebracht - oft in der allerersten Stunde. Die Schüler waren Erwachsene, die alle schon in irgendwelchen Schulen die Schulbank gedrückt hatten. Manchen stand bei Berichten über Physik (und auch Mathematik) die Angst im Gesicht geschrieben, obwohl die entsprechenden Erfahrungen z.T. schon mehr als zehn Jahre zurücklagen. Ich erinnerte mich an meine eigenen Erfahrungen zurück und war entsetzt. Es schien sich Jahrzehnte nichts verändert zu haben. Das kann nicht gut sein für den Wissenschafts- und Wirtschaftsstandort Deutschland. Hier muss etwas geändert werden, falls mein Eindruck stimmt.

Fragen Sie in Ihrem Bekanntenkreis, mit welchem Stichwort „Physik" oder „Physiklehrer" am ehesten assoziiert wird. (Z.B. Angst, Freude, Interesse, Gleichgültigkeit, Neugierde)

# 18. macht physik impotent?

**Untertitel: DU DENKST, DU MACHST PHYSIK - DABEI MACHT PHYSIK DICH**

Diesem Artikel begegnete ich in der Zeitschrift Soznat (Dez. 83).

Das hätte mir gerade noch gefehlt. Erst so eine Plackerei im Studium, in der Lehrerausbildung und dann auch noch das.

Natürlich las ich den Artikel sehr aufmerksam durch. Es ging um die Psyche des „typischen Physikers". Über das Stadium, von Vorurteilen gar nichts zu halten, war ich schon etwas hinweg. Also leuchtete mir das eine oder andere ein. Und vor allem kam es mir furchtbar bekannt vor. Sowohl von mir selbst als auch von Kollegen, die Physiklehrer waren. Ich war etwas beunruhigt. (Diplomphysiker und promovierte Physiker scheinen da übrigens etwas anders zu sein. Ist aber auch ein Vorurteil).

Nun gut, was wird in dem Artikel behauptet?

1.) Der typische Physiker sei selbstverständlich intelligent. Die Zeugnisse und IQ-Tests seien im Mittel am besten. Na ja, ist ja nicht schlecht. Aber ein bisschen dümmer und potenter hätte auch was.

2.) Der Physiker brüte über seinen Büchern, um die Aufgaben zu knacken. Studenten leichterer Fächer würden in der Zeit durch die Kneipen ziehen.

Ja, so war das tatsächlich nach meinen Erfahrungen auch. Schweinerei! Und dafür wird man noch mit Impotenz bestraft. Ich bekam eine Stinkwut!

3.) Das Studium sei so schwer, dass etwa die Hälfte jedes Jahrgangs nicht zu Ende studiert und das Studienfach wechselt.

Verdammt. Das stimmte tatsächlich. Diejenigen, die ich kannte, waren danach wirklich zufriedener. Ob sie befriedigter waren, habe ich nicht gefragt. Aber das hätte ja sein können. So langsam wurde es ernst.

4.) Der typische Physiker zeige eine Heidenangst davor, seine Gefühle zu zeigen oder gar bewusst auszudrücken. Die Welt der nachprüfbaren Fakten werde zu seiner geistigen Heimat. Kam mir auch bekannt vor, aber so`n bisschen geistige Heimat kann doch wohl nicht schaden, beruhigte ich mich.

5.) Der typische Physiker sage „ich muss" statt „ich will" oder „ich kann nicht" statt „ich will nicht". Moment, wie war das denn gemeint? Nein, das konnte sich nicht auf Sex beziehen. Nicht damals anno 1980 und nicht bei einem typischen Physiker! Ich checkte die Situation durch und fand wenig Menschen, die damals freimütig und souverän sagten „Ich will" oder „Ich will nicht". Also reagierten auch Vertreter anderer Fachrichtungen so, wie man es von einem typischen Physiker erwartet hätte. Das beruhigte mich sehr. Es gab also Hoffnung. Oder war ich ein Fall für den Psychiater?

6.) Kontakte zu anderen Leuten seien auch in Übungsgruppen rein sachbezogen und nicht auf einer zwischenmenschlichen Ebene. Selbst nach getaner Arbeit ein Bierchen miteinander zu trinken, sei nicht drin. Jetzt war ich wieder sehr alarmiert. Aber man wird sich doch wohl noch die Leute aussuchen dürfen, mit denen man ein Bierchen trinken geht! Auch als Physiker steht einem das Recht zu. Jetzt wurde ich so langsam trotzig.

7.) Der typische Physiker würde gerne auf Leute herabsehen, die sich nicht wissenschaftlich klar ausdrücken könnten. Er würde auch im Privatleben mit dem absoluten Gültigkeitsanspruch von Naturwissenschaften daherkommen. Ja wie war denn das? Au wei!!!

Gott sei Dank war der Artikel dann bald zu Ende und es kam die Aufklärung.

Die Impotenz, um die es hier ginge, sei ja gar keine physische Impotenz, sondern eine soziale.

Der Artikel sei ja auch absichtlich provozierend geschrieben worden so als Gegentitel zu „Fachspezifische Sozialisation im Bereich der Naturwissenschaften." Der hört sich so langweilig an, dass ich ihn vielleicht gar nicht gelesen hätte. Aber muss man einem gleich solche Angst einjagen?

Ich finde nicht.

Die Antwort ist doch klar! Physik macht nicht impotent und eine soziale Impotenz ist auch bei Physikern auf keinen Fall festzustellen. Wäre ja noch schöner. Wenn Sie es aber wirklich wissen wollen, fragen Sie doch einen.

**Ein „typischer Physiker" muss es ja schließlich wissen.**

Wie für Schüler leicht begreiflich der schiefe Wurf dargestellt werden kann, soll anhand folgender beider Abbildungen verdeutlicht werden. Die erste ist dem obigen Text nachempfunden, die zweite wurde als Schulbuchzeichnung empfohlen. (Quelle: Flugblatt mit dem Hinweis auf betrifft erziehung, Mai 1979. Dort wurde dieser Vorschlag als unangemessen kritisiert).

# 19. Atombomben - nein danke!

Im Jahre 1938 entdeckte Otto Hahn die Kernspaltung. Dafür bekam er für 1944 den Nobelpreis, der ihm 1945 nach dem Abwurf der beiden Atombomben in England überreicht wurde. Otto Hahn hatte als einer der führenden Chemiker im ersten Weltkrieg an der Vorbereitung und Durchführung eines Giftgaseinsatzes mitgewirkt. Dieses Erlebnis hatte ihn so mitgenommen, dass er im Grunde seines Herzens Pazifist geworden war. Als er vom Abwurf der beiden Atombomben hörte, weinte er vor Verzweiflung und dachte an Selbstmord. Seine Kollegen (Die Elite der deutschen Atomforschung war in England in Farm Hall interniert, weil die englische Abwehr Einzelheiten zum deutschen Atomprojekt erfahren wollte) brachten ihn davon ab.

Nach dem Krieg wurde einer der umstrittensten Politiker in Deutschland Atomminister.
Es war Franz Josef Strauß. Dieser behauptete zwar, dass jedem Deutschen, der noch ein Gewehr in die Hand nehmen wolle, dieselbe abfaulen solle. Die Bundeswehr existierte aber ab 1955 und es gab schon lange Mittel gegen Wundbrand, sodass dieser fromme Wunsch nicht in Erfüllung ging.
Sein viel weitergehender Wunsch war die atomare Bewaffnung der Bundeswehr.
Als Flugzeug wurde der Starfighter angeschafft und atombombentauglich hinfrisiert. Da hat Deutschland - äh - die Bundesrepublik aber nochmal Glück gehabt, dass die nie Atombomben trugen. Ein großer Teil dieser Maschinen ist nämlich auf heimatlichem Boden abgestürzt. Witwenmacher nannte man diese Geräte auch, weil die Piloten nicht immer rechtzeitig aussteigen konnten. Friendly fire gab es immer

schon und deshalb hatte F.J.Strauß auch keinerlei Hemmungen, Atomwaffen zu fordern. Adenauer unterstützte ihn dabei. Atomwaffen seien doch nur eine Art verlängerter Artillerie, war sein Argument. Im Falle eines Angriffs würde im übrigen schon eine Zeitung über den Kopf gehalten ausreichen, um sich wirksam gegen Strahlung zu schützen. Solcherlei und ähnliche fundierte Kenntnis über radioaktive Strahlung und andere Bereiche führte zu eine ungeheuren Beruhigung der Bevölkerung und zu einer absoluten Mehrheit bei den Wahlen 1957 für die CDU/CSU.
(Es beklage sich an dieser Stelle bitte keiner über die PISA-Ergebnisse!)

Na also. Jetzt konnte es doch losgehen. „Im Frieden für die Wissenschaft, im Krieg fürs Vaterland" war immer die Devise der Physiker und Chemiker in Deutschland. Die Spezialisten für Kerntechnik lebten ja noch und wenn der Staat es wollte, standen die immer stramm. So jedenfalls die Einschätzung der hohen Herren der Politik.
Man brauchte sie (die Physiker) und hofierte sie. Denn mit irgendwelchen finsteren Amigos aus Oberbayern oder irgendwelchen Quartalsäufern aus dem Hofbräuhaus kann man keine Atombomben bauen. Also waren die Herren Heisenberg, Weizsäcker und Co. wieder gefragt.

Doch da passierte etwas Unerhörtes. Die Physiker wollten nicht, jedenfalls einige und davon die Bedeutendsten. Sie formulierten einen Aufruf der so genannten Göttinger 18. Dieser besagte, dass sie sich weigern würden, an der Entwicklung von Atombomben mitzuwirken. F.J.Strauß tobte vor Wut und bezeichnete Otto Hahn als einen Trottel, der seine Tränen nicht halten kann, wenn er an Hiroshima denkt. Es wurde ungeheurer Druck ausgeübt. Es war aber nicht das Jahr 1914 und nicht das Jahr 1939, sondern 1958 und da gab es keinen Kaiser mehr und keinen Führer mehr, sondern schon so etwas ähnliches wie eine Demokratie, auch wenn an Schulen noch nicht so viel davon zu merken war.

Jedenfalls stand die Regierung in Deutschland ohne Atombombenbast-ler da und musste passen. Anderthalb Dutzend Naturwissenschaftler haben wider den Stachel gelöckt und der Politik gezeigt, was eine Harke ist. Nicht zu fassen. Ein wirklich einmaliger Vorgang.

Ob man diese Physiker nun mag oder nicht; sie verdienen meiner Mei-nung nach allerhöchsten Respekt. Sie haben aus Fehlern aus der schrecklichen Vergangenheit gelernt und sich nicht mehr zu willigen Vollstreckern krimineller Ideen degradieren lassen. Überhaupt sei hier angemerkt, dass sich eine große Gruppe der Physiker der Nazi-Vergan-genheit gestellt hat, was man von anderen Naturwissenschaftlern wie vielen Chemikern, Biologen und Medizinern so nicht sagen kann. Da gäbe es noch viel zu tun.

Hier Auszüge aus dem Text der Erklärung des Göttinger Manifests der 18 Atomwissenschaftler vom 12.04.1957

Die Pläne einer atomaren Bewaffnung der Bundeswehr erfüllen die un-terzeichnenden Atomforscher mit tiefer Sorge. Einige von Ihnen haben den zuständigen Bundesministern ihre Bedenken schon vor mehreren Monaten mitgeteilt. Heute ist eine Debatte über diese Fragen allge-mein geworden. Die Unterzeichnenden fühlen sich daher verpflichtet, öffentlich auf einige Tatsachen hinzuweisen, die aber der Öffentlich-keit noch nicht hinreichend bekannt zu sein scheinen.

1.) Taktische Atomwaffen haben die zerstörende Wirkung normaler Atombomben. ... Jede einzelne taktische Atombombe ... hat eine ähnliche Wirkung wie die erste Atombombe, die Hiroshima zer-stört hat. ...

2.) Für die Entwicklungsmöglichkeit der lebensausrottenden Wirkung der strategischen Atomwaffen ist keine natürliche Grenze be-kannt. ... Unsere (wissenschaftliche) Tätigkeit ... belädt uns ... mit einer Verantwortung für die möglichen Folgen dieser Tätigkeit. Deshalb können wir nicht zu allen politischen Fragen schweigen. ...

Für ein kleines Land wie die Bundesrepublik glauben wir, daß es sich heute noch am besten schützt und den Weltfrieden noch am ehesten fördert, wenn es ausdrücklich und freiwillig auf den Besitz von Atomwaffen jeder Art verzichtet. Jedenfalls wäre keiner der Unterzeichnenden bereit, sich an der Herstellung, der Erprobung oder dem Einsatz von Atomwaffen in irgendeiner Weise zu beteiligen.

Zu den **Göttinger Achtzehn** gehörten folgende Wissensschaftler:

Fritz Bopp, Max Born, Rudolf Fleischmann, Walther Gerlach, Otto Hahn, Otto Haxel, Werner Heisenberg, Hans Kopfermann, Max von Laue, Heinz Maier-Leibniz, Josef Mattauch, Friedrich-Adolf Paneth, Wolfgang Paul, Wolfgang Riezler, Fritz Straßmann, Wilhelm Walcher, Carl Friedrich von Weizsäcker und Karl Wirtz.

# 20. Kernkraftwerke - oh wie fein!

Die Wissenschaftler witterten natürlich auch ihre Chance und nutzten sie. Wie aus obigem Text hervorgeht, erklärten sie, dass sie bereit seien, an der friedlichen Nutzung der Kernenergie mitzuarbeiten. Die Kernenergie war als solche damals durchaus akzeptiert und es wurde dann auch politisch beschlossen, diese mit allen Kräften zu fördern. Viele Milliarden DM sind über die entsprechenden Atomprogramme über viele Jahre in die Kernenergie gepumpt worden.

Da gab es zunächst keine Diskussionen und einen breiten Konsens in allen Teilen der Gesellschaft. Erste kritische Stimmen hörte ich von seiten eines theoretischen Physikers bei einer Vorlesung „Physik für alle Fakultäten" an der Uni in Tübingen 1969, wobei die Naturwissenschaftler wieder einmal fast unter sich waren.

**Ein Physiker gegen Kernkraftwerke??? Kann doch wohl nicht wahr sein!!!**

Ich war geschockt. Wirklich. Ich konnte den Ausführungen zwar im Allgemeinen folgen, da der Professor sich auf unübliche Weise sehr verständlich ausdrückte. Die allgemeine Reaktion im Publikum war aber nicht sehr positiv. Dass Kernkraftwerke vielleicht gefährlich sein könnten, mag ja sein. Aber deshalb politische Forderungen zu stellen gehe doch wohl zu weit. Und schon damals wurde von manchen Physiklehrern beschlossen, dass KKW mit Physik nichts zu tun hätten, jedenfalls nicht in der Schule. So blieb das auch lange Zeit und solch dummes Zeug musste ich mir von Kollegen noch bis in die neunziger Jahre hinein anhören. Wirklich kaum zu glauben.

Es gab aber auch etliche Physiker, die sich für den Erhalt der Umwelt und gegen KKW eingesetzt haben - zum Beispiel im „Bund für Umweltschutz" in Tübingen.

Der „BfU" hat sich über lokale und regionale Belange hinaus auch sehr engagiert am Kampf gegen KKW beteiligt sowie frühzeitig auf mögliche Alternativen im Bereich der Energieversorgung informiert. Viele dieser Positionen waren einige Jahre später vielfach in Parteiprogrammen verankert oder wurden gar offizielle Regierungspolitik, obwohl der BfU lange Zeit sehr misstrauisch von Staats wegen von Verfassungsschutzorganen beobachtet wurde.

Zur Illustration seien hier einige Dokumente beigefügt

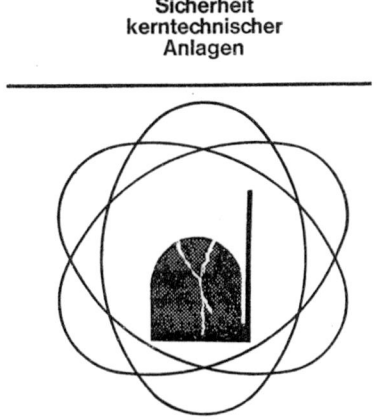

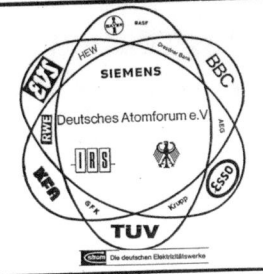

**Verflechtungen von Wirtschaft, Staat und Wissenschaft im Bereich der Kernenergie**

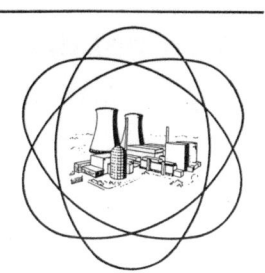

**Wie arbeiten Kernkraftwerke?**
Kritische Betrachtungen

BUND FÜR UMWELTSCHUTZ E.V. TÜBINGEN
Gemeinnützige Personenvereinigung, Postfach 1141
Spendenkonto: Kreissparkasse Tübingen, Kto. 245 717
Arbeitskreis Atom

# 21. Von nationalen Katastrophen und kurzfristig als tot zu bezeichnenden Personen

Ende der 60er Jahre war die BRD im Atomrausch. Gigantische KKW-Planungen wurden konzipiert und das alles in einem übergreifenden gesellschaftspolitischen Konsens, wenn man von einzelnen in die Materie eingeweihten Personen mal absieht.

Von einer bedeutenden Firma wurde sogar erwogen, ein KKW zu errichten, um eine eigene Energieversorgung sicherzustellen. Dafür wurde vom TÜV Rheinland ein Gutachten erstellt, das Anfang 1970 fertig war, aber erst ein paar Jahre später an die Öffentlichkeit gelangte. Schließlich sollte ja keine Panik aufkommen.

Das Gutachten stellte in sehr differenzierter Weise dar, wie sich ein schwerer Unfall auswirken würde. Berücksichtigt wurde bei der Berechnung u.a. die Bevölkerungsdichte, die Windrichtung und der Ausstoß von Spaltprodukten.

Die Ergebnisse bezogen sich auf einen „Standard-Erwachsenen". Es war die Rede von „kurzfristig Sterbenden" und „langfristig Sterbenden". Die überwiegende Mehrheit von Personen (95%), die eine bestimmte Dosis (600 bis 1000 rem) oder mehr abbekommen hätten, wurden als „tot" bezeichnet. Für die restlichen 5% hätte sich der Begriff „Untoter" angeboten. Die wurden aber in dem Gutachten gar nicht berücksichtigt. Weshalb? Hat sich da kein Terminus technicus finden lassen? Ich weiß es nicht.

# 1. Von nationalen Katastrophen und kurzfristig als tot zu bezeichnenden Personen

Jedenfalls gab es da noch die „nicht kurzfristig als tot zu bezeichnenden Personen". Deren Zahl konnte dann auch noch mehr oder weniger genau errechnet werden.

Die Zahl der „langfristig Sterbenden" wurde angegeben mit einem unteren Grenzwert von 33 000 (in Worten: dreiunddreißigtausend!) und einem oberen Grenzwert von 1 670 000. (In Worten: eine Millionsechshundertsiebzigtausend!)

Es wurde auch eingeräumt, dass schwere Schäden an KKW nationale Katastrophen seien.
Das Gutachten führte aber keineswegs dazu, eine Position gegen KKW zu beziehen, sondern Notfallmaßnahmen zu fordern und Risiken und wirtschaftlichen Nutzen sorgfältig gegeneinander abzuwägen.

Die Forderungen der Bürgerinitiativen, Katastrophenalarmpläne bekanntzugeben und mal eine Übung durchzuführen, wurde von der Regierung abgelehnt.
Begründung: Dann könnte ja Panik entstehen. Ob da wohl was dran ist???

# 22. Katastrophenalarm

Im Internet gibt es ja so gut wie nichts, was es nicht gibt. Katastrophenalarmpläne für KKW-Unfälle habe ich da allerdings noch nicht finden können.

Ich interessiere mich dafür, was denn nun im Falle eines Unfalls in einem Kernkraftwerk bei uns geschehen soll. Die Katastrophe von Tschernobyl von 1986 ist mir noch in guter - oder besser gesagt - in schlechter Erinnerung.

Selbst bei uns in weiter Entfernung war das Leben plötzlich etwas anders. Vieles, was vorher als gesund gepriesen wurde, sollte nach dem Unfall plötzlich gefährlich sein. Frische Milch trinken, im Freien bei jedem Wetter spazierengehen, selbst gezogenes Gemüse aus dem eigenen Garten essen, selbst gesammelte Pilze oder Beeren essen ... Verkehrte Welt. H-Milch war angesagt und alte Konserven. Ängstliche Zeitgenossen kauften sich säckeweise Weizen oder anderes Getreide aus der „Vor-Tschernobyl-Zeit". Manche kauten noch jahrelang darauf herum, bis die Zeit anbrach, wo „Tschernobyl" und „Gorbatschow" für Wodkamarken gehalten wurden und der schiefe Turm von Pisa das Bildungsniveau bezogen auf Naturwissenschaften auch im Osten der Republik so richtig zum Abrutschen brachte. Da war dann von Umweltbewusstsein nicht mehr so viel zu spüren und „BIO" und „ÖKO" wurde in manchen Kreisen, in denen es dann richtig „cool" zuging, sogar zu Schimpfwörtern.

Man kann halt wirklich alles übertreiben - sowohl die Gefahren der Kernenergie als auch deren Harmlosigkeit. Letzteres scheint mir in jüngerer Zeit leider wieder akut zu werden. Warum darf die Bevölkerung denn nichts von den Katastrophenalarmplänen erfahren?

Forderungen nach Transparenz wurden in den 70er Jahren von Regierenden abgelehnt mit der Begründung, es könne Panik entstehen. Aha!!!

Ein Maßnahmenplan für eine Betriebsstörung im Kernforschungszentrum Karlsruhe ist in den 70er Jahren an die Öffentlichkeit gelangt. (Quelle: Bürgeraktion Atomschutz, Mittelrhein e.V., Hillscheid). Hier einige Auszüge:

Im Kernforschungszentrum Karlsruhe ist eine Betriebsstörung eingetreten mit Auswirkung auf folgende Gemeinden:

......

Alle Maßnahmen zur Beseitigung der Störung und ihrer Folgen sind bereits im Gange. **Es besteht kein Grund zur Aufregung.** Die Bevölkerung der betroffenen Gemeinden wird gebeten, folgende Hinweise zu beachten:

1.) Schließen Sie alle Türen, Fenster Speicherluken und sonstigen Öffnungen, um eine radioaktive Verunreinigung des Körpers, der Kleidung und der Wohn- und Wirtschaftsräume zu vermeiden. ... Gehen Sie vorerst nicht mehr ins Freie.
2.) Wenn Sie im Freien waren, ziehen Sie sofort Ihre Kleidung und Schuhe aus und legen Sie diese... vor das Haus. Ziehen Sie nur Kleidung und Schuhe an, die Sie im Haus hatten.
3.) Essen und trinken Sie möglichst vorerst nichts oder nur im Haus vorhandene Konserven in Dosen, Gläsern oder sonstiger staubdichter Verpackung, oder Flaschengetränke. Vermeiden Sie vorerst den Genuss von frisch geerntetem Obst oder Gemüse, frisch gemolkener Milch und Frischwasser.

4.) Schließen Sie Haustiere sofort in Wohnung oder Stall ein. Verfüttern Sie nur im Haus, Scheune oder Stall gelagerte Futtermittel. ... Verwenden Sie ... kein Oberflächen wasser aus Regentonnen, Bächen oder Teichen. *(Anmerkung: Warum soll es dem Vieh besser gehen als den Menschen)*

5.) Bleiben Sie **ruhig und besonnen**. Sie erhalten weitere Informationen. Schalten Sie deswegen auch Ihr Rundfunkgerät ein.

6.)   .........

Erinnert doch sehr an die Verhältnisse bei uns kurz nach dem Unfall von Tschernobyl. Hat das etwas mit Physik oder allgemein mit Naturwissenschaften zu tun???

# 23. Nur Diamant ist härter

**Der harte Kern unserer Kultur sind die Naturwissenschaften.**

**Der harte Kern der Naturwissenschaften ist die Physik.**

**Der harte Kern der Physik ist die Quantentheorie.**

Das waren die einführenden Worte von **C.F. von Weizsäcker** bei einem Vortrag in der Uni in Bielefeld 1982 anlässlich seines 80. Geburtstags. Der Saal war proppenvoll und es musste noch in einen anderen Hörsaal übertragen werden. So viel Interesse für Physik bzw. einen Physiker hätte ich nach den bisherigen Erfahrungen nicht erwartet.

In dem Moment fiel mir der Spruch ein „Genieße mäßig die Genüsse, die das Leben so bietet" und ich wandelte ihn um in „Genieße mäßig dicke Nüsse, die das Leben ..." Ich weiß nicht, wie ich dazu kam, angesichts so hoher Theorie und in Gegenwart eines derart bedeutenden Wissenschaftlers auf einen so banalen Spruch zu kommen. Natürlich habe ich den damals für mich behalten und mich jetzt erst mehr als 20 Jahre danach geoutet. Mir ist immer noch nicht so ganz klar, welchen Zusammenhang ich zwischen den Kernaussagen über die Physik und dem Genuss dicker Nüsse gefühlt habe. Ich glaube aber an Intuition und deshalb auch daran, dass da ein Zusammenhang besteht oder auch in der Negation eines Zusammenhangs. In der modernen Physik ist ja alles möglich. Da gibt es Antimaterie, Antiteilchen, positive und negative Ladungen sowieso und warum nicht auch Antizusammenhänge?

Wenn ich dicke Nüsse knacke, komm ich an einen weichen und nahrhaften Kern. Das weiß wohl jeder. Deshalb gibt es auch eine Motivation zum Knacken dicker Nüsse. Trotz unattraktiver Verpackung macht man sich da gerne an die Arbeit.

Doch welche Motivation sollte denn gegeben sein, aus hartem Material noch härtere Kerne herauszuschälen? Erst muss man sich eine halbe Ewigkeit durch die Eiswüste der Abstraktion quälen, um irgendwann fündig zu werden und dann ist es ein steinharter Brocken, an dem man sich die Zähne ausbeißen kann. Erinnert mich etwas an die Eroberung des Nordpols, Südpols oder des Mount Everest. Es bedarf sicher einer besonderen Mentalität, da mitzumachen. Kann auch nicht jeder. Muss auch nicht jeder. Oder doch? Nein! Selbst Nietzsche, auch ein harter Knochen, äußerte in dieser Hinsicht auf seine Weise gewisse Zweifel: „Die Wissenschaftler sind zu stäubenden Mehlsäcken verkommen. Wer riete wohl, dass ihr Staub vom Korne stamme und von den gelben Sommerfeldern, die man in seinem inneren Auge wogen sieht".

Dennoch ist es wohl unstrittig, dass Physik ein wichtiges Fach sei, auch wenn es sich nicht sonderlicher Beliebtheit erfreut. Vielleicht muss dieses dann den Schülern einfach schmackhaft gemacht werden. Aber wie?

**Haben Sie eine Idee?**

# 24. Auf die Verpackung kommt es an

Ohne gefällige Verpackung ist es schwer, auch gute Qualität an den Mann oder an die Frau zu bringen. Schöne Verpackung erhöht den Tauschwert und dieser triumphiert schon lange über den Gebrauchswert. Das haben auch viele Physikdidaktiker oder Lehrer erkannt, ohne jemals eine Zeile von Marx gelesen zu haben.
Also muss die ungeliebte Ware „Physik" einfach schön verpackt werden und schon greifen die Kunden bzw. Schüler zu. Am Anfang der Unterrichtsstunde eine Motivation und schon läuft der Laden.

**Hier ein Beispiel beim Thema „Energieumwandlung in Ottomotoren" in der Oberstufe.**

Lehrer: „Nun denkt mal an ein schickes Auto, ein Cabrio zum Beispiel". Gerne lassen sich die Schüler (Schülerinnen gibt es in dem Kurs nicht!) darauf ein. Sie diskutieren darüber, welches Cabrio wohl das beste sei und spinnen schon Pläne. Es ist gerade die richtige Jahreszeit. Frühling lässt sein blaues Band... Das ist es. Jetzt ein Cabrio, Verdeck runter und dann mit der Freundin ins Grüne fahren, raus in die Glokkenblumen... Ein Physikunterricht zum Träumen.

Der Lehrer merkt, dass die Motivation steigt und wird mutiger.

Lehrer: „Also, ein solches Auto kann nur fahren, wenn chemische Energie in Wärme umgewandelt wird und diese dann in mechanische Energie. Dieser Vorgang wird beschrieben durch den Carnotschen Kreisprozess."

Die Schüler wissen natürlich noch nichts von diesem Prozess. Sie ahnen aber, was auf sie zukommt und schalten ab. Sie bekommen das Gefühl, auf eine falsche Fährte gelockt worden zu sein und dann ...

**Differential, Integral, Scheißegal...**

Der Lehrer ist frustriert. Die Schüler auch. Und keiner weiß jetzt so recht, woher das kommt. Der Inhalt ist doch solide und die Verpackung auch. Wo liegt das Problem???

**Anderes Beispiel: Wellen und Interferenzen.**
Wenn beim Baden die Wellen mit dem Körper spielen, ist das eine sehr entspannende Angelegenheit. Ich finde das aber auch sehr spannend. Ich bade da förmlich in Physik und finde das durchaus angenehm, zähle die Wellen, schätze deren Wellenlänge und freue mich, wenn ein Stückchen Holz auf derselben Stelle tanzt, obwohl die Welle ans Ufer läuft.. Solche Situationen ergeben sich meist im Urlaub.
Ein Lehrer ist ja in der Regel Beamter und deshalb immer im Dienst. Ich empfinde das nicht als Belastung, sondern als Privileg, so eine Art Selbstverwirklichung. Da kommen dann Ideen, was im Unterricht umzusetzen ginge.
Mit der Klasse baden gehen als Einführung in das Thema Wellen und Interferenzen kommt mir in den Kopf, nein, besser in den Bauch oder ins Herz. Und schon erstirbt die Idee, wenn ich an die Reaktion von Kollegen denke und den damit verbundenen quälenden Rechtfertigungsmarathon. Vergiss es. Auch manche Schüler und insbesondere die an Physik Interessierten wären etwas befremdet. Da käme ja Physik mit Gefühlen in Kontakt. Igitt!!!

Also abgespeckte Variante.
Steinchen werfen in ein ruhiges Gewässer. Blauer Himmel, strahlende Sonne, windstiller Tag.

Tatsächlich. Es klappt. Was im Physikpraktikum im muffigen Labor gemacht wurde, geht hier in der freien Natur. Die Wellen laufen wie gewünscht, die Interferenzen finden deutlich sichtbar statt und das in grandioser Landschaft und nicht so trocken wie im Lehrbuch.

Also Kamera draufhalten, Dias machen, im Unterricht zeigen und schon ist Physik wieder ein Fach, das wirklich was mit der Natur zu tun hat.

Reaktion der Schüler: Können wir nicht dorthin eine Klassenfahrt machen? Da könnte man mal richtig ausspannen, baden und relaxen. Besser als Physik in diesem stickigen Bunker.

**Fazit:**
Baden gehen als Alternative zur Physik geht. Als Alternative innerhalb des Physikunterrichts für die Einführung in das Thema „Wellen"???

**Verpackungsdidaktik ade?**

**Dennoch**: Ich finde Wellen in freier Natur auch vom physikalischen Standpunkt aus faszinierend und Interferenzen auch. Sie auch? Schaun Sie sich doch mal die Bilder an!

# 25. Wie gefährlich ist Physik?

In diesem Zusammenhang fallen den meisten einigermaßen informierten Zeitgenossen Kernkraftwerke, Atombomben, oder sonstiges Kriegsgerät ein. Es scheint aber offensichtlich auch ganz andere Gefahren zu geben.

Etwa im Jahr 1980 hatte ich Gelegenheit, an einer Tagung teilzunehmen wo u.a. über Fragen des Physikunterrichts diskutiert wurde. Ich hatte die dankbare Aufgabe, Protokoll zu schreiben. Geladen waren die Vertreter der Kultusbürokratie aller Bundesländer. Sie kamen sogar alle! Bildung ganz allgemein und Physik im besonderen wurden damals sehr ernst genommen.

Das Zuhören bereitete mir manchmal physische Schmerzen. Doch ein Indianer kennt keinen Schmerz und damals wurden viele Theorien auf der Grundlage von Indianerweisheiten aufgebaut. Passte nicht immer, war aber mainstream. Ohne Indianerzitate liefen manche Tagungen erst gar nicht an. Aber diese Tagung hatte damit nun gar nichts zu tun.

Es ging ja schließlich um Physik. Bei der Argumentation der Vertreter der Kultusministerien wurde mir manchmal richtig schlecht. Ob das am Mittagessen lag? Es war vorher die Rede davon, eine Butterfahrt als Beiprogramm mitzumachen oder typisch kielerisch essen zu gehen. Die Butterfahrt wollte keiner und das rechne ich den Kultusbürokraten trotz aller Antipathie heute noch hoch an. Also war Labskaus angesagt. Schrecklich. 25 Jahre Mensakost gehen ja auch nicht spurlos an einem vorbei. Aber da hatte ich meist nette Leute um mich herum und Labskaus? Nö, dann doch lieber Eintopf. Den habe ich in guter Erinnerung.

Jetzt war aber Labskaus nicht mehr zu vermeiden und vor allem für mich unangenehme Gespräche mit gemischtem Publikum. Da hätte mir auch Eintopf nicht geschmeckt.

Es bestand Einigkeit darin, dass Physik das wichtigste Fach sei. Das zu hinterfragen, hätte keinen Sinn gemacht. Bei den unverzichtbaren Inhalten der Physik hatte jeder seine eigenen Vorstellungen. Sich da einzumischen, war problematisch. Ich verschob dies auf den Nachmittag auf das offizielle Programm. Da flogen die Fetzen. Warum?

Der Kanon verbindlicher Inhalte war zu groß. Also musste gestrichen werden. Aber wo?

Einig war man sich darin, die Relativitätstheorie zu streichen. Es ging ja um Mittelstufenphysik und zudem war ja auch klar, dass das Begreifen dieser Theorie nur wenigen Menschen auf der Welt vorbehalten war. Und solche waren hier jetzt unter sich. Unter den Anwesenden war ich allem Anschein nach der Einzige, der nicht zu dem erlauchten Kreis gehörte, der sich in den höheren Sphären theoretischer Erhabenheit sonnen konnte. Nach dem Offensichtlichwerden dieser meiner Schwäche zählten meine Argumente nichts mehr. So konnte ich mich besser auf das Protokoll konzentrieren und ich freute mich schon darauf, mit diesem Instrument Macht auszuüben, wenn die Konferenz dann endlich vorbei war. Das dauerte aber noch.

Einer der Vertreter hielt eine flammende Rede für die Wichtigkeit der Optik. Fand ich gut, da ich Optik gerne mag und immer gerne unterrichtet hatte. Optik hielt ich also im Protokoll fest. Dann kam aber nach langen Diskussionen über die Wichtigkeit von Optik, Mechanik, Akustik und was es da sonst so alles gibt, eine erbitterte Debatte. Jeder verteidigte „sein" Spezialgebiet mit großem Eifer und die Optik wäre da fast hintenrübergefallen. Da stand der Optik-Mann auf und sagte:

„Ich halte es für außerordentlich gefährlich, wenn Optik an der Schule nicht mehr unterrichtet wird." Da zuckten alle zusammen. Für eine solche Gefahr wollte natürlich keiner die Verantwortung übernehmen und die Optik blieb drin. Nochmal gut gegangen, dachte ich. Es lag mir ja sehr viel daran, den Physikunterricht an Schulen nicht zu gefährden. Und der Tausch von Optik zur Quantenmechanik in der Mittelstufe hätte den schiefen Turm von Pisa sicher endgültig zum Einsturz gebracht.

# Nachbemerkungen

Gegen Ende der 60er Jahre wurde erkannt, dass es riesige Probleme mit dem Unterricht im Fach Physik gibt. Es gab zahlreiche Versuche, dem entgegenzusteuern. Zum Beispiel wurde das IPN (Institut für die Pädagogik der Naturwissenschaften an der Universität Kiel) gegründet, um den naturwissenschaftlichen Unterricht an Schulen zu verbessern.

Die „Stiftung Volkswagenwerk" bezahlte noch in den 70er Jahren Stipendien für Studenten, die Naturwissenschaft für das Lehramt studierten. Auch Referendare bekamen Geld, wenn sie sich verpflichteten, wenigstens vier Jahre bei der Stange zu bleiben. Wer es an der Schule nicht aushielt — man sprach damals vom so genannten Realitätsschock — musste das Geld wieder zurückbezahlen.

Der Betrag bei Referendaren in Naturwissenschaften war 2500 DM, bei Mathematikern 3500 DM. Dennoch sind damals viele Naturwissenschaftler aus dem Schuldienst ausgeschieden. Der Grund war für etliche die grässlichen Erfahrungen während der Referendarszeit sowie bessere Möglichkeiten in anderen Bereichen der Gesellschaft.

Eigentlich hätte sich in den letzten dreißig Jahren die Lage bessern müssen, da ja so viele Vorschläge dazu gemacht wurden und keine Mühe und kein Geld gescheut wurde, den Unterricht in Naturwissenschaften zu optimieren. Aber Mühe allein genügt eben nicht und mit Geld ist es in mancher Hinsicht auch nicht getan.

Die Probleme sind geblieben. Vielleicht haben sie sich sogar verschärft.

**Hier nur einige Beispiele:**

Das Interesse am Fach Physik ist zurückgegangen. Es gibt Schulen, an denen dieses gar nicht mehr unterrichtet wird. Manchmal werden Kurse eingerichtet mit extrem wenig Teilnehmern, nur damit überhaupt noch etwas läuft. Schulen müssen zum Teil zusammenarbeiten, um Kurse in Physik überhaupt noch einrichten zu können, nicht weil Kooperation als solche erwünscht wäre, sondern aus purer Not mangels Masse.

Der Anteil der Frauen im Fach Physik scheint auch nicht größer geworden zu sein, wenn man den Informationen aus dem Internet Glauben schenken darf. Die Akzeptanz des Faches Physik ist sehr gering. Schüler und noch mehr Schülerinnen, die Physik wählen, stoßen auf ziemliches Unverständnis.

In der Wochenzeitung „DIE ZEIT" vom 17.02.2005 war ein Leserbrief unter der Überschrift „Wer Physik kann, ist moralisch defekt". Darin wird die mangelnde Bereitschaft von Naturwissenschaftlern und Geisteswissenschaftlern beklagt, trotz bestehender interdisziplinärer Lehrangebote an Universitäten die Grenzen zu überschreiten.

In einem weiteren Beitrag wird behauptet, dass ein gewisses grün-rotes Milieu im Bildungssystem folgende Aversion pflegen würde: „Wer in der Lage ist, ein Problem der Physik zu lösen, muss einen moralischen Defekt haben".

Ich will das hier nicht kommentieren. Aber eines scheint mir klar zu sein. Nach den Ergebnissen von TIMSS und PISA zu urteilen sind die Bemühungen, den Unterricht im Fach Physik zu verbessern, bisher gescheitert. Meiner Auffassung nach ist bei den meisten „Verbesserungsvorschlägen" ein wichtiger Punkt übersehen worden oder jedenfalls nicht genügend berücksichtigt worden.

Der Erfolg des Unterrichts und zu einem wesentlichen Teil auch die Akzeptanz des Fachs hängen sehr stark von der Lehrerpersönlichkeit ab. Und da liegt meiner Meinung nach und aufgrund meiner Erfahrungen im Fach Physik einiges im Argen. Ich bedaure sehr, dass ich Physik für das Lehramt studiert habe. Fachlich fand ich das sehr interessant und ich hätte es als Hobby betreiben sollen. Beruflich hat es mir aber ungeheure Probleme eingebrockt. Das hat eindeutig mit den nicht nur für mich sehr schwierigen Persönlichkeiten zu tun, die ich häufig in diesem Fach angetroffen habe. Wenn sich in dieser Hinsicht nichts ändert, dann werden alle Bemühungen der Didaktiker und sonstiger Ideenproduzenten das Problem der Akzeptanz des Faches nicht lösen können. Und dieses Problem zu lösen, ist nicht nur wünschenswert, sondern für unsere Gesellschaft von größter Bedeutung. Die jetzige Generation der Naturwissenschaftler kann es bei gutem Willen schaffen, sich von den im Fach Physik besonders tradierten Überheblichkeiten zu trennen und auf andere zuzugehen. Ich hoffe es jedenfalls - trotz vieler üblen Erfahrungen aus der Eiswüste der Abstraktion.

## Auch wenn es noch so kalt ist

## das Prinzip Hoffnung lebt trotzdem weiter.

# Literaturliste

Neben der üblichen Fachliteratur in Physik wurde u.a. folgende Literatur als Anregung, Quelle oder für Zitate verwendet.

BOHNET-von der THÜSEN, Heidi: Denkanstöße '97; Serie Piper 1996.

BRÄMER, R.; NOLTE,G.: Die heile Welt der Wissenschaft. Zur Empirie des „typischen Naturwissenschaftlers"; Reihe SozNat 1983.

BRÄMER, R: Naturwissenschaft im NS-Staat; Reihe SozNat 1983.

dtv-Bibliothek: Der Weg der Physik. 2500 Jahre physikalischen Denkens.

GREIFF, BODO v.: Gesellschaftsform und Erkenntnisform; Campus Verlag Frankfurt/New York 1977.

HARIG, G.: Physik und Renaissance; Akademische Verlagsgesellschaft Leipzig 1984.

LINDACKERS, K.H.: Die Auswirkungen sehr schwerer Schäden an Kernkraftwerken. TÜV Rheinland 1970.

MEHRTENS, H.; RICHTER, S.: Naturwissenschaft, Technik und NS-Ideologie; suhrkamp taschenbuch wissenschaft 1980.

OPPENHEIMER, J.R.: Atomkraft und menschliche Freiheit; rororo 1957.

Physik und Rüstung; Fachbereich Physik der Philipps-Universität Marburg 1982.

PINC / Projektgruppe: Natur und Produktion im Unterricht. Beltz-Verlag 1978.

PUKIES, JENS: Das Verstehen der Naturwissenschaften; Westermann 1979.

Reihe SozNat: Mythos Naturwissenschaft. Naturwissenschaftlicher Unterricht in der Gegenperspektive 1982.

RIEß, FALK; Kritik des mathematisch naturwissenschaftlichen Unterrichts; päd.extra buchverlag 1977.

Soznat Sonderband 1: Physikunterricht im Dritten Reich 1980.

Soznat, Blätter für soziale Aspekte des naturwissenschaftlichen Unterrichts. Jahrgang 2 bis Jahrgang 7 vom April 1979 bis Dezember 1984.

WILLER, JÖRG; Physik und menschliche Bildung. Wissenschaftliche Buchgesellschaft Darmstadt 1990.

**Weitere Quellen:**

Auf einen ausführlichen Hinweis auf weitere Quellen aus den 90er Jahren oder danach sei hier verzichtet. Wer sich informieren will, kann im Internet eine Fülle von Informationen abrufen. Vieles bezieht sich auf die TIMSS-Studien sowie auf PISA. Auch vom IPN (Institut für die Pädagogik der Naturwissenschaften) gibt es eine Fülle von Veröffentlichungen. Wie es dort in Zukunft weitergehen soll, ist im IPN-Forschungsplan für die Jahre 2004 bis 2006 dargelegt.

Eine der fundiertesten Quellen ist meiner Meinung nach die direkte Auseinandersetzung mit dem Phänomen. Die Begegnung mit dem originalen Objekt wurde mir in meiner Ausbildung in Biologie als Grundprinzip klargemacht und das finde ich heute noch gültig. Also setzen Sie sich mit Physikern auseinander nicht nur auf der fachlichen Ebene. Da kann man von denen sicher eine Menge lernen. Bei der Auseinandersetzung auf einer menschlichen Ebene können beide Seiten profitieren. Vielleicht ist das ein pädagogischer Ansatz, der weiterhilft. Action direct, könnte man das nennen. Ist mir in den vielen Beiträgen der Fachdidaktik bisher nicht aufgefallen. Vielleicht ist es mir entgangen. Aber Sie können sich nicht damit herausreden, falls Sie dieses Pamphlet bis zum Schluss gelesen haben sollten.

# Lösung der Aufgaben / Beantwortung der Fragen

### Seite 14 / Was versteht man unter optischer Isomerie?

Allgemein versteht man unter Isomerie, wenn Moleküle aus der gleichen Anzahl und Art von Atomen aufgebaut sind, diese aber in unterschiedlicher Weise miteinander verknüpft sind. Das könnte man damit vergleichen, dass dieselbe Zahl von verschiedenfarbigen oder auch verschieden großen Legosteinen (sollen Atome symbolisieren) in unterschiedlicher Weise miteinander verbunden werden. Beim Spezialfall der optischen Isomerie wäre der Aufbau oberflächlich betrachtet „gleich". Bei genauerem Hinsehen stellt sich aber heraus, dass der Aufbau spiegelbildlich symmetrisch ist - so wie die linke oder rechte Hand. Solche Moleküle können in ihren Reaktionen für Organismen sehr bedeutsame Unterschiede haben. So sind z.B. fast alle die für den Aufbau von Eiweiß notwendigen Aminosäuren nur einem spiegelbildlichen Typus entsprechend. Sie sind „linksdrehend". Das bedeutet, dass sie in einer Lösung die Ebene von polarisiertem Licht, das nur in einer Ebene schwingt, nach links drehen. Das bekannteste Beispiel hierfür ist die Milchsäure. Der Aufbau des Moleküls ist unten abgebildet.

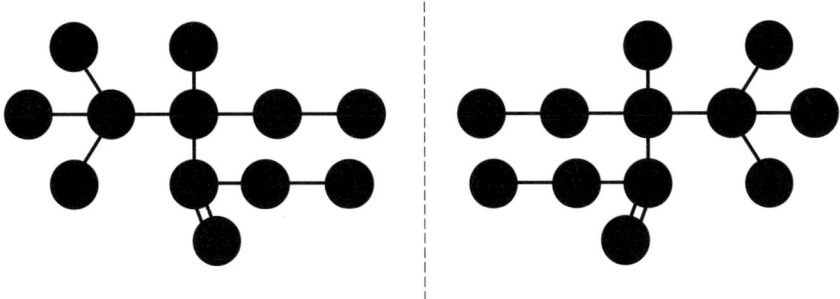

## Seite 14 / Wieso kann man Staub im Sonnenstrahl tanzen sehen, obwohl es vollkommen windstill ist?

Luft besteht aus kleinsten Teilchen. Es sind u.a. Sauerstoffmoleküle und Stickstoffmoleküle. Diese sind in ständiger Bewegung. Sie sind selbst nicht sichtbar. Sie stoßen aber auf kleine Staubteilchen, geben denen einen Schub und veranlassen diese zu zittrigen Bewegungen. Dasselbe Phänomen lässt sich auch in Lösungen beobachten, in denen Wassermoleküle z.B. sichtbare Tuscheteilchen hin und her schubsen, was man unter dem Mikroskop beobachten kann. Nach dem Entdecker dieses Phänomens nennt man dieses auch „Brownsche Molekularbewegung".

ROBERT BROWN (1773-1858) war ein schottischer Botaniker, der im Jahre 1831 den Zellkern entdeckt hat.

## Seite 17 / Wer entdeckte als erster, dass der weiteste schiefe Wurf unter einem Winkel von 45° möglich ist? Wann war das ungefähr und welches Interesse steckte dahinter?

Das Maximum der Wurfweite bei 45° Steigwinkel fand NICCOLO TARTAGLIA, ein italienischer Mathematiker (1499-1557). Er beschäftigte sich ursprünglich u.a. mit der Lösung kubischer Gleichungen, Wahrscheinlichkeitsrechnung und der Bestimmung spezifischer Gewichte. Büchsenmacher, Gießer und Artilleristen wandten sich an ihn mit der Frage, unter welchem Abschusswinkel die Schussweite am größten sei. Es war also ein Auftrag der damaligen Rüstungsforschung. So kam TARTAGLIA zur Erforschung ballistischer Probleme. Er ließ durch Versuche seine Vermutung bestätigen, war aber noch nicht in der Lage, die Flugbahn mathematisch zu behandeln. Er ging davon aus, dass der erste Teil der Flugbahn geradlinig verlaufen würde, der mittlere Teil kreisförmig und der letzte Teil wieder geradlinig, also wie in folgender Skizze.

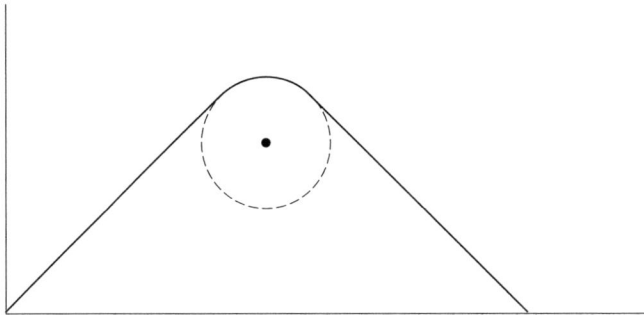

Zuvor galt die Impetustheorie. Die Kugel hat den Impetus für eine Bewegung schräg nach oben. Ist der Impetus erschöpft, fällt die Kugel direkt nach unten.

### Seite 19 / Welcher Mensch war zuerst im Weltraum?

Es war Juri Alexejewitsch Gagarin, ein sowjetischer Fliegeroffizier und Astronaut. Er startete mit Wostok 1 am 12.04.1961 zum ersten bemannten Raumflug und umrundete die Erde in 1h und 48 min.

### Seite 19 / Wann war die erste Mondlandung?

Am 16.07.1969 war der Start von Apollo 11 mit den Astronauten N. A. Armstrong, E. E. Aldrin und M. Collins. Armstrong betrat als erster Mensch den Mond und zwar am 20.07.1969. Er soll den Satz gesagt haben: „Ein kleiner Schritt für mich, aber ein großer Schritt für die Menschheit." Aldrin folgte kurze Zeit später. Die Fußabdrücke sind wahrscheinlich heute noch so zu sehen wie damals.

## Seite 19 / Wie weit ist der Mond von der Erde ungefähr entfernt und wie lange braucht ein Signal ungefähr, um dort hinzugelangen?

Die mittlere Entfernung des Mondes von der Erde beträgt etwa 384400 km. Ein Funksignal bewegt sich mit Lichtgeschwindigkeit, also mit 300000 Km pro Sekunde. Somit braucht ein Lichtsignal etwas mehr als eine Sekunde zum Mond und etwas mehr als zwei Sekunden für hin und zurück. Dies erklärt auch die „Sendepausen" der Gespräche während der Mondlandung.

## Seite 22 / Warum ist der Druck des oben genannten Stöckelabsatzes größer als der des Elefantenfußes?

Druck ist definiert als Kraft pro Fläche. Die Fläche eines Stöckelabsatzes ist sehr klein und deshalb wirkt sich das relativ geringe Gewicht der Dame stärker aus als das Gewicht des Elefanten. Da dessen Fuß eine relativ große Fläche hat, „verteilt" sich die Kraft stärker und der Druck ist erheblich geringer. Dies sei an folgender Beispielrechnung gezeigt:

Ein Elefant hat etwa die Masse von 4 Tonnen, also 4000 Kilogramm. Auf einen Fuß entfallen dann also etwa 1000 Kilogramm. Damit steht er dann auf einem männlichen Fuß. Die Kraft entspräche dann etwa 10000 Newton. Ich lebe nicht auf großem Fuß, würde es aber gerne ein bisschen mehr und dann wäre die Fläche meines Fußes, auf der der Elefant steht, etwa 200 Quadratzentimeter entsprechend 0,02 Quadratmeter.
Der Druck p ist der Quotient aus Kraft F durch Fläche A und somit wäre

$$p = F/A = 10.000 \text{ N} / 0{,}02 \text{m}^2 = 500.000 \text{ N/m}^2 = 500.000 \text{ Pascal}$$

Eine Dame sei etwa 60 Kilogramm schwer. Somit entfallen auf ein Bein 30 Kilogramm. Entsprechend würde die Kraft über den Pfennigabsatz mit einer Fläche von etwa zwei Quadratzentimetern entsprechend 0,0002 Quadratmetern etwa 300 Newton entsprechen.
Somit wäre der Druck:

$$p = F/A = 300\ N\ /\ 0{,}0002 m^2 = 1.500.000\ Pascal$$

Würde sich die Dame boshafterweise mit vollem Gewicht auf den Fuß stellen, wäre das auf jeden Fall viel schlimmer, als wenn ein Auto über den Fuß fährt. Wenn Sie Lust haben, rechnen Sie mal nach oder überlegen Sie grob anhand der Daten zu Elefanten und der Daten im KFZ-Schein.

### Seite 29 / Masse einer Kugel aus Kork und die Masse von 1000 Kugeln aus Eisen.

Das Volumen der Kugel aus Kork beträgt etwa vier Kubikmeter. Ein Kubikzentimeter wiegt etwa 0,25 Gramm, ein Kubikdezimeter etwa 250 Gramm und ein Kubikmeter etwa 250 Kilogramm. Somit wiegt die Kugel etwa 1000 Kg, was einer Tonne entspricht, also etwa dem Gewicht eines größeren PKW. So kann man sich vertun!
Ein Kubikzentimeter Eisen hat die Masse von 7,86 Gramm. In einen Kubikzentimeter passen 1000 Kubikmillimeter. Somit hätten 1000 Kubikmillimeter die Masse von 7,86 Gramm. In einen Würfel von 1mm Kantenlänge passt eine Kugel von 1mm Durchmesser und es bleibt noch freier Raum. Somit passen 1000 Kügelchen mit dem Durchmesser von 1mm in einen Kubikzentimeter hinein und es bleibt noch freier Raum. Somit wiegen die 1000 Eisenkügelchen weniger als 7.86 Gramm. Das kann man leicht errechnen und kommt auf einen Wert, der auf jeden Fall kleiner ist als 7,86 Gramm.

Beispielrechnung: Kugel aus Kork

$$V = 4/3\ \pi \cdot r^3 = 4{,}19\ m^3$$

$$m = \rho \cdot V = 0{,}25\ t/m^3 \cdot 4{,}19\ m^3 \approx 1\ \text{Tonne}$$

Beispielrechnung: 1000 Kügelchen aus Eisen

$$m = 1000 \cdot 7{,}86\ mg/mm^3 \cdot 4{,}19\ mm^3 = 4.113{,}4\ mg,$$
$$\text{also ungefähr 4 g}$$

## Seite 32 / Wie ist der Sinus, Cosinus, Tangens und Cotangens definiert?

Solche Fragen werden üblicherweise nicht zur Allgemeinbildung ge-
zählt. Meiner Meinung nach drückt dies eine unerhörte Ignoranz von
seiten mancher Teile des klassischen Bildungsbürgertums aus. Es handelt sich hierbei schließlich um ein altes Kulturgut aus der griechischen
Antike, die ja eine wichtige Grundlage allgemein unserer Kultur ist und
auch leicht zu begreifen ist. Es handelt sich ja nicht um die allgemeine
Relativitätstheorie, deren Verständnis nur wenigen vorbehalten bleibt.
Die muss nun wirklich nicht jeder verstehen.

Von manchen Würden- und Pöstchenträgern habe ich aber schon des
öfteren mit Stolz reden gehört, sie seien in Mathe und Physik immer
schlecht gewesen. Mit solchen Sprüchen wurde um Sympathie ge-
heischt und das leider mit Erfolg. Eine Grundlage dafür lieferte sicher
auch das Verhalten mancher Mathe- und Physiklehrer, zu denen vor
allem sensible Zeitgenossen selbst jede fachliche Nähe meiden wollten.
Kann ich in gewisser Weise verstehen. Hier sollte aber klar differenziert
werden zwischen Fächern und deren Vertretern, auch wenn letztere
noch so häufig unangenehm in Erscheinung getreten sein sollten.

Ein rechtwinkliges Dreieck ist sicher jedem geläufig. Die dem rechten
Winkel gegenüberliegende Seite nennt man Hypotenuse. (ist richtig

geschrieben, also nicht Hypothenuse!). Die beiden anderen Seiten sind die Katheten. (siehe Skizze!)

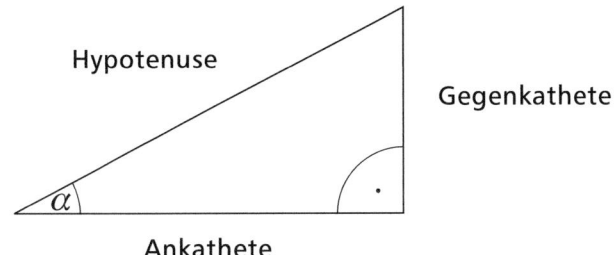

Der Sinus eines Winkels ist das Verhältnis von Gegenkathete zu Hypotenuse.
Der Cosinus ist das Verhältnis von Ankathete zu Hypotenuse.
Der Tangens ist das Verhältnis von Gegenkathete zu Ankathete.
Der Cotangens ist das Verhältnis von Ankathete zu Gegenkathete.

Anders dargestellt:

**sin** α     = **Gegenkathete : Hypotenuse**

**cos** α     = **Ankathete : Hypotenuse**

**tan** α     = **Gegenkathete : Ankathete**

**cot** α     = **Ankathete : Gegenkathete**

**Seite 32 / Wann und von wem wurde das Fallgesetz formuliert und was war der gesellschaftliche Hintergrund dafür?**

Das Fallgesetz wurde von Galilei formuliert.
Ausgangspunkt war wiederum die Frage der Ballistiker, wie der Flug einer Kanonenkugel zu berechnen sei.
Leonardo da Vinci kannte sich zwar sehr gut aus in „praktischen Problemen des Gießens, der Aufstellung, der Ladung und des Abschusses

von Geschützen ... Es gelang ihm aber nicht, in der Lehre von der Fall-
und Wurfbewegung eine zusammenhängende Vorstellung zu entwik-
keln". (G. HARIG; Physik und Renaissance)

Auch Nicolo Tartaglia schaffte dies nicht.

Aus einem Brief von Galilei an einen gewissen Marsilius von 1632 geht
hervor, dass ihn (Galilei) das Problem der Geschossbahn zur Untersuchung frei fallender Körper veranlasst habe.
Er ging davon aus, dass die Geschossbahn in drei Bewegungen aufge-
teilt werden kann.
Eine Bewegung nach oben, eine Bewegung geradlinig in eine bestimmte vorgegebene Richtung und eine Bewegung nach unten, also
die Fallbewegung. Diese untersuchte er und fand, dass alle Körper mit
der gleichen Geschwindigkeit fallen. Seine Fallversuche führte er aus
vom schiefen Turm von Pisa. In diesem Zusammenhang ermittelte er
auch die Pendelgesetze und ermittelte über die Experimente mit der
geneigten Ebene das Quadratgesetz, woraus dann das Fallgesetz formuliert wurde.

$$\text{Fallgesetz: } S = 1/2 \cdot g \cdot t^2$$

$S$ = Fallstrecke, $t$ = Fallzeit, $g$ = Fallbeschleunigung = 9,81 m/s$^2$

Galilei leitete die Wurflinie richtig als Parabel ab. In seinem Werk „Dis-
corsi e dimonstrazioni matematiche intorno a due nuove scienze" geht
er neben den Wurflinien auch auf den Luftwiderstand, die Pulverla-
dung der Geschütze, die Wirkung der Geschosse und weitere Fragen
des Artilleriewesens ein.

Fazit:

### Der Krieg ist der Vater aller Dinge!?!???

## Seite 32 / Welcher Gegenstand fällt von der gleichen Höhe aus schneller auf den Boden: ein Hammer oder eine Feder?

Beide Gegenstände fallen gleich schnell. Dies muss nach dem Fallgesetz so sein, sofern Vakuum herrscht. Auf dem Mond ist dies der Fall, da er keine Atmosphäre hat und somit kein Luftwiderstand gegeben ist. Dies wurde 1971 von dem Astronauten Scott demonstriert. Damit bestätigte er ein Gesetz, ohne dessen Gültigkeit er nie auf dem Mond angekommen wäre.

Auf die Natur ist halt Verlass. Die Natur lügt nie! Man muss sie allerdings gut genug kennen und theoretisch erfasst haben.

Dieses Beispiel zeigt:

Es gibt nichts praktischeres als eine gute Theorie.

## Seite 41 / Woran kann man erkennen, dass Kräfte wirken?

Kräfte können Körper verformen, beschleunigen oder abbremsen. Wenn also Körper verformt werden oder ihren Bewegungszustand ändern, wirkt eine Kraft.

## Seite 41 / Welche Kraft übt eine Tafel Schokolade mit der Masse von 100 Gramm aus auf die Hand, auf der die Tafel liegt?

Diese Kraft beträgt ungefähr ein Newton.

Kompliziert ausgedrückt ist es die Kraft von einem Kilogramm mal Meter geteilt durch Sekunde im Quadrat oder puristisch Kilogramm mal Meter mal Sekunde hoch minus zwei. Ist etwas schwer nachzuvollziehen und für eine ausreichende Allgemeinbildung genügt auch das anschauliche Maß mit der Tafel Schokolade. Ist jedenfalls meine Meinung. Das fürchterliche „SETZEN, SECHS!" könnte umgeändert werden in: Naja, für Physik n` bisschen mager, aber reicht noch so!

**Seite 43 / Stellen Sie sich folgende Situation vor:**

Sie sind gerade beim Spülen oder irgendeiner anderen anspruchslosen Tätigkeit und hören nebenbei Radio. Nun klingelt das Telefon.
Wie reagieren Sie?

a.) Sie telefonieren und gehen Ihren Nebentätigkeiten weiterhin nach.
b.) Sie stellen das Radio ab, Ihre anderen Tätigkeiten ein und konzentrieren sich ganz auf das Telefongespräch.

Im Falle a) sind Sie sehr wahrscheinlich eine Frau und im Falle b) sehr wahrscheinlich ein Mann.

# Zum Verfasser

Rüdiger Heer wurde in Kalisch (Polen) geboren und ist in Baden-Württemberg in der Nähe von Stuttgart aufgewachsen. Nach dem Studium der Naturwissenschaften an der Universität Tübingen und der Lehrerausbildung am Studienseminar in Rottweil und der Tätigkeit an diversen Gymnasien arbeitete er an einer Behörde für Naturschutz. Danach war er als Angestellter am Deutschen Institut für Fernstudien an der Universität Tübingen (DIFF) in der Lehrerfortbildung tätig und wechselte 1976 an das Weser-Kolleg Minden. Von 1978 bis 1981 arbeitete er als Angestellter am IPN (Institut für die Pädagogik der Naturwissenschaften an der Universität Kiel) und ist seitdem wieder am Weser-Kolleg in Minden.

Über die haupt- und ehrenamtliche Arbeit im Naturschutz und in der Anti-KKW-Bewegung hatte er viel Kontakt zu Vertretern aus Naturwissenschaft, Technik und Wirtschaft.

Im Zusammenhang mit seiner ehrenamtlichen Arbeit in der "Biologischen Station Minden-Lübbecke" beteiligte er sich an der Organisation und Durchführung von Fortbildungsveranstaltungen wie z.B. das Lehrerfortbildungsprojekts "Umwelterziehung vor Ort" im Auftrag der Bezirksregierung Detmold. Hierbei fiel auf, dass Lehrer fast aller Fachrichtungen dafür Interesse zeigten, nicht aber Kollegen mit dem Fach Physik. Davon gab es nur eine Ausnahme, bei der nicht die Kombination Mathematik/Physik gegeben war. Das häufig demonstrativ vorgetragene Desinteresse der Physikomathematiker an sozialen und umweltpolitischen Fragen war im übrigen ein wichtiges Motiv des Autors, dieses Buch zu veröffentlichen.